JANDERSON S[illegible]

"SUCESSO É MANDIOCA"

SAIBA COMO CRIAR RAÍZES PROFUNDAS E FORTES

O CAMINHO MAIS CURTO DO SUCESSO É A AUTOSSUPERAÇÃO

DEIXE DE SER SEU PIOR INIMIGO E VENÇA SEUS LIMITES

Literare Books INTERNATIONAL
BRASIL · EUROPA · USA · JAPÃO

Presidente:
Mauricio Sita

Capa:
Estúdio Mulata

Diagramação, projeto gráfico e ilustrações:
David Guimarães

Revisão:
Débora Tamayose

Gerente de Projetos:
Gleide Santos

Diretora de Operações:
Alessandra Ksenhuck

Diretora Executiva:
Julyana Rosa

Relacionamento com o cliente:
Claudia Pires

Impressão:
Rotermund

Dados Internacionais de Catalogação na Publicação (CIP)
(Câmara Brasileira do Livro, SP, Brasil)

Santos, Janderson
Sucesso é mandioca / Janderson Santos. -- 2. ed. -
- São Paulo : Literare Books International, 2017.

ISBN: 978-85-9455-037-8

1. Autoajuda 2. Conduta de vida 3. Felicidade
4. Motivação 5. Realização 6. Sucesso I. Título.

17-07317 CDD-158.1

Índices para catálogo sistemático:

1. Sucesso : Psicologia aplicada 158.1

Literare Books International
Rua Antônio Augusto Covello, 472 – Vila Mariana – São Paulo, SP.
CEP 01550-060
Fone: (0**11) 2659-0968
site: www.literarebooks.com.br
e-mail: contato@literarebooks.com.br

JANDERSON SANTOS

SUCESSO É MANDIOCA

Literare Books
INTERNATIONAL
BRASIL · EUROPA · USA · JAPÃO

ÍNDICE

PREFÁCIO

Janderson Santos me impressionou logo na primeira conversa durante um almoço no início de 2015. Chegou sério, determinado e com um grande sonho: "Quero ajudar pessoas a serem vencedoras na vida, felizes e a terem sucesso! ".

Ele acredita que as pessoas podem ser transformadas por meio de mudanças de atitudes e atingirem os objetivos que deseja. Sua percepção da vida, ações e crenças são afinadas e consistentes. E um meio dele propagar suas ideias seria por meio de palestras.

Convidei-o para fazer nosso Programa de Treinamento de Palestrante Premium. Após várias semanas de preparação, ele passou por uma avaliação e não tive dúvida: Janderson é um novo talento e poderia se tornar um dos melhores palestrantes do país! Suas provocações com mágicas e ilusionismo durante a palestra levam a reflexões, surpreendem e instigam a novas ações!

Agora, neste primeiro livro, Janderson Santos coloca o conteúdo da palestra de forma leve como uma conversa entre amigos com mais histórias e metáforas para o leitor...afinal, o que tem a ver sucesso com mandioca!?

Ao final da obra, você entenderá que mandioca tem tudo a ver!

Boa leitura.

Sergio Tinen

É empresário, CEO da EXPO Eventos Premium, faz treinamento para palestrantes e eventos internacionais no Japão e EUA.

AGRADECIMENTOS

Quando pensei em escrever os agradecimentos, foram tantos nomes que vieram à minha cabeça, tantas situações, tantas conversas que colaboraram de alguma forma para que esta obra fosse escrita que fiquei preocupado de esquecer alguém. Mas, ainda que eu esqueça alguém neste momento, saibam que sou extremamente grato a todo aprendizado, lição ou bronca que levei. Tudo isso foi transformado em inspiração literária. Muito obrigado.

Quero começar agradecendo ao divino Pai eterno, por ter me dado luz nos momentos difíceis para que eu pudesse transformar ideias em texto.

Obrigado também à família maravilhosa que tenho, minha esposa, Vanessa Santos, e minha filha que tanto me inspira, Isabella Santos. Essas duas mulheres foram pacientes comigo e souberam entender meus momentos, meu espaço e meu tempo.

Agradeço também a meus pais, Antônio Geraldo e Rosa Maria, por toda a dedicação com que cuidaram zelosamente da minha educação para que hoje eu pudesse escrever um livro para ajudar milhares de pessoas.

Gratidão ainda a todos os meus amigos pessoais e virtuais que me acompanham nas redes sociais.

E, por fim, agradeço a todos os meus leitores. Que a luz divina possa iluminar suas mentes e que este livro transforme suas vidas.

Muito obrigado!

INTRODUÇÃO

Como este livro pode ser útil a você?

Até que ponto é importante para você, vencer na vida? Atingir suas metas e realizar seus sonhos? Até que ponto você quer, de verdade, que coisas ruins parem de acontecer? Que sua carreira possa decolar e sua vida financeira possa se estabilizar de uma vez por todas? Embora esse seja o objetivo de grande parte das pessoas, muitas não conseguem ultrapassar seus próprios limites.

Certo dia ouvi uma história que a vida que queremos para nós está na outra margem do rio. Temos que ir buscar. Você pode atravessar o rio nadando e enfrentando as correntezas, pulando, usando embarcações ou pontes. Isso não importa. Mas quando decidir ir, não poderá voltar mais. Embora o outro lado fará das pessoas mais prósperas, muitas não se sentem preparadas, abandonam o sonho de viver do outro lado e se acostumam com uma vida pobre. Vida sem grandes responsabilidades, mas uma vida sem cor, sem alegrias. Passarão o resto de suas vidas, apenas contemplando o outro lado.

Talvez você esteja se perguntando: "mas será que eu posso ir atrás daquilo que eu quero? Será que posso mudar meu futuro? Não seria mais fácil me conformar com minha posição atual e aprender ser feliz com o que tenho e com o que sou?"

Você pode mais. Você pode ir atrás do que você quer! Você pode mudar seu futuro, independentemente de onde se encontra atualmente. Você pode até achar que é mais fácil se conformar com a vida que tem, aprender ser "feliz" com o pouco, mas, no fundo, somos seres insatisfeitos, nosso cérebro sempre irá nos cobrar para ir além. E ir contra esse sentimento de inconformidade positiva mata sua alma. Mata sua essência.

Quando decidi escrever este livro pela primeira vez, tinha em mente duas coisas muito importantes. A primeira; não gostaria que ele fosse escrito apenas para fazer volume nas livrarias. E a segunda, que ele fosse realmente transformador. Que ele pudesse ser útil. E ao passar pela vida de alguém, pudesse impactar não só a mente e o corpo, mas a alma e o coração. Para que ao ler este livro, o leitor pudesse se encorajar para viver a vida que sempre sonhou e entender que ninguém deve passar pela vida, apenas, como mero figurante.

Ao escolher dar um novo sentido a sua vida, você estará decidindo trilhar o caminho mais difícil. Mas, ao escolher ir atrás de seus sonhos, você decide ser o ator protagonista da sua própria vida. Sim, eu sei o quanto isso é difícil. Porém mais difícil do que decidir construir a própria história, é se libertar do que prende você a sua vida atual. O medo, o ego, o se importar demais com o que os outros vão falar ou o que os outros vão pensar, a falta de comprometimento e disciplina.

Quero ajudar você a ver sua vida como um mar de oportunidades, encarar desafios com vontade de ganhar, adotar uma nova postura e fazer a vida valer a pena. Então, essa obra faz um convite à liberdade. Convida você a viver a vida que sempre sonhou, fora da cela emocional que aprisiona milhares de pessoas por todo o mundo.

Você merece uma vida abundante. Merece construir uma história que terá orgulho de contar aos seus netos. Dê mais uma chance aos seus sonhos, dê mais uma chance a você. Essa nova vida começa AGORA!

CAPÍTULO 1

"Segunda-feira é mais difícil porque é sempre a tentativa do começo de vida nova. Façamos cada domingo de noite um réveillon modesto, pois se meia-noite de domingo não é começo de Ano Novo é começo de semana nova, o que significa fazer planos e fabricar sonhos."

Clarice Lispector

1

MAIS UMA SEGUNDA-FEIRA

Hoje podia ser um dia bom. Mas hoje é segunda-feira. Como todas as outras, as pessoas saem de casa para ir ao trabalho. Sorrisos ou qualquer demonstração de alegria são evitados, pois, afinal, como podem estar felizes se esforçando para se acostumar com uma rotina que odeiam?

O trânsito é caótico. Xingamentos, mau humor e agressões verbais fazem o cenário de mais uma semana de trabalho duro. Entre lamentos e reclamações, existe uma luz dentro de mim. É a esperança de que tenho tudo o que necessito para transformar minha vida na vida que tanto desejo. Eu sei, sou uma pessoa motivada; por mais que o barulho do despertador me incomode e obrigue meu corpo a sair da cama, faço um acordo com minha mente e vou à luta.

Tenha plena convicção de que o futuro é construído com os pequenos sacrifícios que fazemos. Por isso me sacrifico muito. Às vezes acho que sou quase um mártir.

No trabalho, eu me esforço muito para entregar tudo no prazo, atender às solicitações do meu superior e ainda mostrar quanto estou decidido a construir uma carreira de sucesso dentro da empresa, mesmo odiando meu local de trabalho. Minha família sempre falou que trabalho não se ama, mas aprende-se a gostar. E, embora eu demonstre estar interessado, tudo o que faço parece não ser suficiente, e acabo me desmotivando.

Minha vida pessoal não é cheia de surpresas. Aliás, tudo é completamente normal, até o fato de ser um azarado no amor. Sabe, já pensei muito no amor. Já tive planos, já sonhei em ter uma família... Ainda penso. Quem sabe um dia. Só o tempo poderá dizer.

Ah, o tempo... Como passa rápido. Parece que foi ontem que ouvia as pessoas dizendo que eu poderia ser quem quisesse quando crescesse. Quanta mentira. Porque elas só queriam que eu fosse igual a elas, uma pessoa frustrada, cheia de sonhos engavetados e adormecidos. Mas foi exatamente o que me tornei. Uma pessoa que não tem grandes conquistas na vida nem grandes sonhos. Não sei de quem é a culpa. Talvez seja minha. Mas, talvez, eu seja apenas um azarado que nasceu no dia errado e na família errada.

Hoje, pensei que talvez seja melhor aprender a suportar essa vida vazia e me acostumar com minhas derrotas. As barreiras que me impedem de ir além são muito altas. Tenho de me conformar que na vida há vencedores e perdedores e, por mais que eu ouça conselhos dos outros, não acredito ser um vencedor.

Ando cansado da vida, ela não me emociona mais. Aguardo ansiosamente pela próxima sexta-feira ou pelo próximo feriado, para ficar em casa sem fazer nada e sem responsabilidades. Quando isso acontece, sinto-me bem, mas depois vejo que essa falsa felicidade me agoniza, e um vazio imenso toma conta do meu coração. Na verdade acho que perdi a vontade de viver e por isso procrastino tanto e não tenho foco algum. Por que as coisas não funcionam comigo? Não suporto mais esta vida cheia de cobranças, cheias de falsas ilusões.

Preciso acreditar que posso mudar.

Sim, eu posso! Posso construir uma nova vida a partir de agora. E é isso que vou fazer. Vou procurar algo melhor para mim. Vou jogar tudo para o alto e começar a escolher o meu destino. Ninguém mais vai colocar o dedo na minha cara e dizer que não posso. Porque Eu posso!

Trimmm, Trimmm (o despertador toca).

João acorda e olha o relógio. São 5h45min., e ele precisa se levantar para ir trabalhar. Entre murmúrios e reclamações, veste seu uniforme e decide começar mais uma segunda-feira.

Podia ser um dia diferente. Mas hoje é segunda-feira...

UM CONVITE À LIBERDADE

Quando começo a observar as pessoas e a vida delas, noto que estão perdendo a capacidade de sonhar e de viver. Os sonhos profissionais parecem ser impossíveis de ser alcançados, as metas pessoais nunca se concretizam, e tudo parece dar errado. A cena repete-se todas as manhãs: milhares de pessoas sentem-se obrigadas a sair da cama, vão ao trabalho mal-humoradas e não veem a hora de voltar para casa a fim de se esconder de suas responsabilidades.

Minha avaliação é de que essas pessoas estão presas, imóveis e paralisadas. Veem a vida de maneira passiva, param de lutar e se acostumam com o lamaçal de tristezas e inglórias. Abandonam o barco de seus sonhos no meio do caminho quando algo dá errado, por acreditar que são fracas demais, ignorantes demais, infelizes demais, pobres demais. Acreditam que já foram ao limite do que conseguiriam e satisfazem-se com uma vida pequena e medíocre.

Pare para pensar: quanto essas pessoas sofrem por não estarem felizes com a vida que levam e quanto se sentem fracas e limitadas diante de um obstáculo?

Quantas pessoas já perderam a motivação de buscar um novo futuro? Você conhece pessoas assim? Pessoas que desistiram e agora lutam para se acostumar à vida que têm.

Somos a geração das possibilidades. Nunca a palavra "impossível" esteve tão fora de nosso vocabulário. Não há limites para o que podemos realizar. E, ao mesmo tempo, somos uma geração de pessoas tristes. Só no Brasil, o número de mortes relacionadas com a depressão aumentou 705% em 16 anos, o que é assustador. O número de suicídios também aumentou no mesmo período e já chega a uma média de 28 mortes por dia, segundo pesquisa feita pelo jornal O Estado de S. Paulo. E, como se não bastasse, nós, brasileiros, já somos o maior consumidor de ansiolíticos e calmantes do mundo.

Isso se dá em razão do estilo de vida estressante que muitos levam, além da insatisfação em várias áreas da vida.

O excesso de tecnologias está nos deixando preguiçosos e intolerantes com o insucesso. Muitos já não sabem se controlar emocionalmente para suportar dificuldades ou momentos de crise. Vivem numa ilusão entre o mundo virtual, onde todos são felizes e vitoriosos, e o mundo real.

O pouco não é suficiente para nos dar prazer. Estamos sempre buscando algo mais para nos completar, nunca estamos completamente satisfeitos.

Outros acreditam que sucesso é um fator de sorte e,

por não terem sido beneficiados, abandonam suas esperanças e seus sonhos para viver abastecidos de infelicidades e tristezas.

Existe poder dentro de você. Neste momento, sua grandeza talvez esteja escondida, mas ela existe! Por mais difícil que seja o seu objetivo ou por mais impossível que seja realizar seu sonho, você precisa acreditar que sempre haverá uma maneira de superar os obstáculos.

Aprenda a negociar com sua mente e com seu corpo para voltar a sonhar com a vida que você está destinado a viver. Encha o seu coração da perseverança necessária para enfrentar o que está por vir. Este livro é sobre a superação e a transformação da sua vida que começa agora!

Em um dos contos de Paulo Coelho, ele narra que um amigo, certa vez, resolveu passar algumas semanas num mosteiro no Nepal. Certa tarde entrou num dos muitos templos do mosteiro e encontrou um monge, sorrindo, sentado no altar.

— Por que o senhor sorri? – perguntou ao monge.

— Porque entendo o significado das bananas – disse o monge, abrindo a bolsa que carregava e tirando uma banana podre de dentro.

— Esta é a vida que passou e não foi aproveitada no momento certo. Agora é tarde demais.

Em seguida, tirou da bolsa uma banana ainda verde, mostrou-a e tornou a guardá-la.

— Esta é a vida que ainda não aconteceu, é preciso esperar o momento certo.

Finalmente, tirou uma banana madura, descascou-a e dividiu-a com o amigo.

— Esta é a vida no momento certo: o presente. Alimente-se com ele e viva-o sem medo e sem culpa.

Liberte-se das desculpas, pois hoje é o dia ideal para começar a sua mudança. Grandes milagres estão por vir, e apenas você pode fazê-los.

CAPÍTULO 2

"Você nasceu para vencer, mas para ser um vencedor você precisa planejar para vencer, se preparar para vencer e esperar vencer."
Zig Ziglar

2

VOCÊ JÁ É UM VENCEDOR

Talvez hoje, neste exato momento, você conheça pessoas que já jogaram a toalha. Fizeram a escolha mais fácil e simplesmente respiram. Pessoas sem vontades, sem sonhos, que desistiram de viver. Porém, acredite, é possível realizar suas vontades e seus desejos, transformando sua existência em um caminho doce e prazeroso. Você foi posto aqui para fazer algo novo e original. Sua vida faz parte de uma grande engrenagem, então reassuma seu poder!

A partir de agora, escolha ser sincero consigo mesmo e pare de mentir e de fingir que está feliz com a vida que leva. Olhe-se no espelho e pergunte: "Esta é a vida que eu mereço? É esta a vida que quero viver?".

Você merece vencer!

Você pode viver com mais amor. Você pode fazer mais e alcançar muito além do que tem feito até agora. Aja como se não tivesse nada a perder e tudo a ganhar, pois você nasceu para realizar grandes conquistas.

Aposte em si e no que pode fazer. O passado não deve comprometer seu futuro.

Para a elaboração deste livro, pesquisei dezenas de cases de sucesso e posso lhe afirmar com toda tranquilidade que, apesar de às vezes não acreditar, você já tem tudo de que precisa para vencer. Seja forte e não perca a esperança de ver sua estrela brilhar no céu dos campeões.

ESCOLHA VENCER

Caio Fernando Abreu dizia que a vida é feita de escolhas e, quando damos um passo para frente, inevitavelmente alguma coisa fica para trás.

Não pense que as pessoas que considera bem-sucedidas não tiveram de tomar decisões difíceis. Fazer escolhas difíceis em algum momento da vida é normal e inevitável. Haverá o momento de escolher qual profissão seguir, qual faculdade cursar, em qual cidade morar, qual carro comprar, enfim, cada decisão tomada altera completamente o seu futuro.

O filme de ficção científica Efeito borboleta, lançado em 2004, mostra o reflexo de uma decisão e como uma pessoa pode alterar drasticamente seu futuro fazendo escolhas simples. Escolher vencer e começar a ter atitudes vencedoras pode não ter resultados em curto prazo, mas você estará dando uma nova chance à sua vida em longo prazo.

Assim, escolhas só são feitas quando existem dois ou mais caminhos. Então, neste momento, você pode fechar este livro e permanecer com dificuldades em superar desafios e em aceitar derrotas e continuar ignorando o seu "eu", que implora dentro de você para vencer. Ou pode começar a reescrever sua história.

É possível que você tenha trilhado, por muito tempo, apenas a estrada da derrota e, por isso, acha que essa é a única opção. Talvez as consequências dessa dura jornada tenham tirado sua vontade de lutar, mas chegou o momento em que você dará a volta por cima, alterará sua rota e voltará a trilhar os caminhos da vitória.

Suas escolhas têm o poder de mudar seus caminhos; alterar sua conta bancária; apaixonar-se de novo; reconstruir relacionamentos e criar seu próprio emprego ou negócio. Você tem o poder de abrir as portas das oportunidades e levar sua vida para frente. Escolha vencer e terá todos os dias uma nova oportunidade para fazer sua vida valer a pena.

O RECONHECIMENTO

Todo mundo sonha com uma vida fácil, cheia de alegrias, dinheiro e oportunidades. Mas a vida das pessoas que eu mais admiro não foi nada fácil. Se buscar conhecer a história de grandes empreendedores e pessoas de sucesso, verá que por muito tempo elas estiveram perdidas, chegaram muitas vezes a duvidar da capacidade que tinham, foram incontáveis vezes questionadas em relação à sua integridade. Mas não desistiram. Tornaram-se referências não pelo número de problemas que enfrentaram, mas pela incrível capacidade de superar crises.

Você, assim como essas pessoas, tem uma capacidade enorme de vencer! Pode ser que os problemas que você tem enfrentado estejam tirando seu sono e seu sossego, mas o primeiro passo foi dado. Ao adquirir e ler este livro, você se assume como o verdadeiro dono de seu destino e retoma as rédeas da sua vida, dando a ela a direção correta. Você é um vencedor por isso!

Posso desconhecer o sonho que você tem e quanto ele pode parecer grande e desafiador, mas de uma coisa eu tenho certeza: aquele sonho que você tem, que por muito tempo esteve escondido lá no fundo do seu coração, pode ser realizado!

Tudo de que um sonho precisa para ser realizado é a capacidade de transformar vontade em atitude. São as atitudes que darão a você ferramentas para concretizar seu sonho.

Lionel Messi foi mais uma das inúmeras crianças que sonhavam em jogar futebol. Poderia ter feito parte das estatísticas daquelas que não atingiram o sucesso, não fosse sua capacidade de ir atrás daquilo com que sonhava. É inegável seu talento como jogador, mas o que poucos sabem é que Messi sacrificou toda a sua infância por seu sonho. Saiu de seu país de origem, a Argentina, e foi morar na Espanha aos 11 anos. Enquanto crianças nessa idade ainda brincam de videogame, Messi estava treinando, para mais tarde se tornar um dos melhores e mais bem pagos jogadores de futebol do mundo.

Talento apenas não vai garantir seu sucesso. Mas sua capacidade de acreditar em si mesmo e de ir à luta, sim!

Sem atitudes, nada se faz. Não se deve ficar aguardando a sorte bater à porta ou a oportunidade passar na sua frente. Não existe preguiçoso bem-sucedido, isso é uma grande ilusão. Sem força de vontade todo sacrifício é em vão.

A era da tecnologia em que estamos vivendo nos proporciona oportunidades especiais. Hoje, da noite para o dia, um jovem pode criar um aplicativo ou um produto e ficar bilionário. Toda essa "facilidade" cria uma falsa ilusão de que o sucesso pode ser imediato, e isso tem estragado nossos jovens. Muitos se acham o próximo Steve Jobs ou o próximo Mark Zuckerberg e acabam levando a vida de forma inconsciente. É claro que esses diamantes da tecnologia empenharam-se muito para chegar aonde chegaram e merecem ser admirados por isso. Mas não podemos esquecer que pessoas como essas são raras.

A maior parte das pessoas de sucesso é como eu e você: acorda todo dia pela manhã, arruma-se para o trabalho, algumas vezes quando o sol sequer nasceu, enfrenta o trânsito, trabalha oito horas ou mais e no fim da tarde ainda vai para um curso ou uma faculdade. Chega em casa cansado, com o corpo doído e exausto!

Essas sim são as pessoas que estudaram e tiraram nota máxima na faculdade da vida. Pessoas como Samuel Klein, que, na infância, sofreu nos campos de concentração nazistas até o fim da Segunda Guerra Mundial e, quando mudou-se para o Brasil, por volta de 1952, começou a trabalhar como comerciante, tornou-se mascate, vendendo roupas de banho de porta em porta. Após cinco anos de sacrificado trabalho e economia, juntou dinheiro para comprar uma pequena loja, que chamou de Casa Bahia. Hoje a Casas Bahia é uma das maiores redes de varejo do país.

Salim Mattar, dono de uma das maiores empresas de locação de veículos, a Localiza, foi office boy, trabalhou sob o sol quente, teve uma infância limitada, mas não se rendeu nem deixou que o sonho de ter um negócio próprio adormecesse. No início de seu empreendimento, ele e seu sócio chegaram a trabalhar 24 horas por dia, revezando-se para passar a noite toda no escritório.

Por isso acredito que nada é em vão. No dia em que você se considerar uma pessoa de sucesso, e esse dia vai chegar, vai se lembrar de cada momento que teve de sacrificar, cada centavo que teve de economizar, e poderá falar em alto e bom som: "Sou o que sou pelas experiências e pelas adversidades que venci".

Todo mundo tem uma bela história a ser escrita, cabe a você dar autorização para que a sua autobiografia inicie.

A VERDADE

Eu preciso que você saiba de uma coisa. Vai ser difícil! E, por ser difícil, muitas pessoas estão desistindo e preferindo viver uma vida medíocre, cheia de lamentações e privações. Seja forte e persista! E, quando chegar ao fim, vai ter certeza de que valeu a pena.

Morrer com sonhos incompletos não é problema; já não sonhar ou deixar seus sonhos abandonados, sim. Acredito que só sonhamos com aquilo que podemos realizar. Nossa mente é incapaz de gastar neurônios sonhando com aquilo que é impossível de se tornar realidade.

Todos os dias adormecem centenas de sonhos, muitos futuros engenheiros de sucesso, muitos advogados de sucesso, muitos cantores, muitos artistas que não chegaram a sentir o sabor do sucesso, tudo porque escolheram não tentar. É uma escolha! Eu prefiro imaginar que todos temos um futuro brilhante pela frente e que nosso objetivo na vida é traçar o caminho que nos levará até ele.

Fazemos escolhas a todo instante; até quando decidimos não escolher, escolhemos. Optar por uma coisa, e não por outra, é quase sempre difícil, mas inevitável.

Na vida você vai deparar com diversos momentos de indecisão que exigirão uma escolha. Algumas serão fáceis, outras difíceis, mas todas demandarão responsabilidade. A vida humana é assim. Todas as suas escolhas vão impactar diretamente sua vida ou sua carreira. Saber disso e ter consciência desse fato vai ajudá-lo a se lembrar de que a vida não tem roteiro, mapa nem GPS, mas tem um final repleto de alegrias e bonanças para quem ousa arriscar.

É como uma maratona. Todos nós sabemos que, ao completar a prova, teremos uma recompensa, mas, até lá, muitos ficam pelo caminho, outros pegam atalhos e mudam o destino. Somente aqueles que persistirem, apesar das dores, do cansaço e da fadiga, chegarão ao fim.

Certa vez o rei de um poderoso reino chamou o sábio do castelo e perguntou:

— Eu não encontro no Livro da vida as respostas para os meus problemas diários. O que há de errado?

O sábio, então, respondeu:

— Minha majestade, talvez esteja equivocado. O Livro da vida não tem respostas, só perguntas. As respostas é você quem dá. Com isso você ganha uma grande oportunidade todos os dias, pois são suas respostas que vão dizer aonde vai chegar, o que vai construir e como vai vencer.

Comece a escrever sua história imediatamente e coloque um basta em tudo aquilo que o atrasa e tira suas energias. Preocupe-se mais consigo mesmo, com suas emoções e seus sentimentos. Se você quer mudar sua vida e passar a ser a pessoa que realiza coisas impossíveis e um verdadeiro empreendedor de sonhos, precisa colocar uma palavra-chave em sua vida: "Chega".

Chega de uma vida mais ou menos, chega de chorar por não ter o que sempre quis, chega de relacionamento ruim, chega de se lamentar pelo passado que não deu certo, chega de desculpas nobres em minha vida, chega de pessoas sanguessugas que só querem se apossar de minha energia. Chega de dizer que na próxima segunda-feira eu começo.

Comece agora! Chega de viver de forma medíocre achando que essa é sua sina. Não é! Você pode mais e pode agora.

Não há mal algum em querer o bem para si mesmo. O egoísmo só é prejudicial quando queremos que os outros vivam como nós queremos. Escolha ser feliz agora.

AS CONSEQUÊNCIAS

Imagine se os donos das grandes invenções da humanidade tivessem deixado seus projetos na gaveta? Imagine como seria viver sem energia elétrica, sem telefone, sem veículos automotores, sem avião. Como seria? Portanto, superar adversidades e ter sonhos é fundamental.

Uma pessoa sem sonhos torna-se alguém sem motivos para viver. Sem sonhos, a vida fica vazia, sem cor e sem graça. Sem sonhos, nada faz sentido, a vida passa a ser um filme russo sem legenda, difícil de entender.

Você precisa de muita força para assumir suas vontades e seus desejos para si mesmo. Mas voltar a ser dono de suas próprias emoções vai lhe trazer uma sensação incrível e prazerosa.

Entristeço-me de ver pessoas entregando o controle remoto de suas emoções para outras pessoas. Vejo pessoas que falam: "Só vou ser feliz quando isso ou aquilo acontecer". Hoje é comum ver na TV propagandas de aplicativos que "preveem" sua sorte ou sua felicidade. A que ponto chegamos? Acreditar em um aplicativo e dar a ele a liberdade de decidir sobre sua vida...

Quando você dá aos outros o poder sobre suas emoções, fica acorrentado a uma prisão interna de infelicidades e frustrações. Se você chegou a esse ponto, saiba que essa não é sua sentença final. Não se deixe iludir pelo desânimo para não sair da frequência do sucesso. Você precisa se manter ciente de seu estado de espírito se quiser evitar decisões que o deixem ainda mais para baixo.

Ao optar por controlar as próprias emoções e reassumir toda a sua grandeza interior, coisas incríveis passarão a acontecer em sua vida, e as consequências são:

1 – VOCÊ SAIRÁ IMEDIATAMENTE DA SUA INÉRCIA EXISTENCIAL.

Você pode até achar que sua vida é superacelerada, que não tem tempo para nada além daquilo que já faz e que não existe inércia existencial em sua vida.

Mas reflita: há quanto tempo você tem falado que vai juntar dinheiro para fazer uma viagem, mas isso nunca aconteceu? Quanto tempo você tem pensado em voltar a estudar, mas, quando menos espera, está novamente sentado em frente à TV? Quantas vezes você disse a si mesmo que entraria em um programa de emagrecimento, mas nunca o iniciou? Isso é inercia existencial. É ela que o impede. Um dos maiores males humanos é a estagnação.

Converso com muitas pessoas por toda parte do Brasil e vejo que muitas acreditam, durante anos, estar em uma zona de segurança. Essa zona é na verdade um cárcere, decorado com belos quadros, música de fundo e uma paisagem incrível, mas, ainda assim, trata-se de um local apertado, incômodo, infeliz e sem luz. É uma falsa zona de segurança. E o conforto que eles acreditam ter está longe de ser confortável.

É fácil compreender a mente de pessoas que insistem em permanecer em sua zona de conforto. Elas querem paz e sossego. Sentem medo demasiado por ter de alterar sua rotina e, quando pensam no que podem ganhar ao sair dessa prisão invisível, já sentem medo do que podem perder.

Dê-se a chance de descobrir um mundo novo em que você pode se aventurar por terras ainda não colonizadas e ser dono do próprio espaço. Movimente-se e não estacione na vida. Tudo na vida é movimento. Todos os dias milhares de células de seu corpo nascem e morrem. A epiderme da pele (camada superficial) é completamente renovada a cada 15 a 30 dias. Músculo que não se usa atrofia, água parada apodrece, enxada sem uso enferruja.

2 – VOCÊ APRENDERÁ LIÇÕES QUE SOMENTE UMA VIDA QUE É VIVIDA DE VERDADE É CAPAZ DE ENSINAR.

Nada nesta vida é imposição, tudo vem e vai com o

seu consentimento. Coisas boas batem à porta todos os dias, mas preferimos viver amargando a solidão de um quarto escuro e vazio. Não importa quantas universidades tenha frequentado, quantos livros tenha lido no último ano nem quantos cursos possua se não souber viver de verdade. Existem muitas lições que não se aprendem em livros, mas apenas se permitindo viver, sorrir, chorar e experimentar momentos e sensações.

3 – VOCÊ VAI SER FELIZ!

Ter o poder de decidir por sua vida vai lhe trazer uma sensação prazerosa. Você perceberá que ser feliz não é um destino, mas uma escolha. É um erro depositar a responsabilidade de ser feliz em outras coisas – em uma posição social, em bens materiais, em um grande amor, na família. Um dia tudo isso vai embora, e o que vai restar? Apenas você! Quem vive sempre querendo o que não possui será um eterno insatisfeito consigo mesmo.

Uma vez, um senhor aproximou-se de um morador de rua que mendigava e perguntou-lhe:

— O que queres?

— Ah, senhor... há alguns anos saí de casa e vivo longe de minha família. Dê-me uns trocados para me alimentar – disse o morador de rua, sentado sobre uma caixa.

— E o que tem nessa caixa em que estás sentado?

— Não sei, senhor, essa caixa foi dada por minha família no dia em que saí de casa. Eu nunca a abri, apenas a carrego por onde vou, para me lembrar da única coisa que me sobrou das pessoas que mais amei na vida.

— Tudo o que precisas para mudar de vida está o tempo todo contigo – disse o senhor, antes de se despedir.

O morador de rua resolveu abrir a caixa, e seus olhos mal acreditavam no que havia dentro. A caixa estava cheia de ouro e pedras preciosas e um bilhete, dizendo:

"Nós o amamos, leve consigo essa pequena riqueza para que possa viver uma vida digna por onde resolver morar."

Você já tem tudo de que precisa para fazer sua vida valer a pena novamente. Conheço muitas pessoas que mendigam trocados mesmo estando sentadas em uma grande mina de ouro. Lamentam-se o dia inteiro em vez de usar toda a sua energia e talento para modificar a própria história. A vida recomeça todos os dias, por isso olhe para si mesmo, quantas crises já superou? Por quantos problemas já passou? Levante-se! Retire a poeira e tenha atitudes de sucesso. Resgate a vontade de vencer novamente, relembre quanto é prazeroso sentir o gosto da vitória e da realização.

Comece a pensar em seus objetivos, em suas metas, em seus sonhos mais intrínsecos. E diga: "Meu sonho é possível!". Você pode abandonar de uma vez por todas sua vida cheia de tormentos, tristezas e lamentações e voltar a viver.

Talvez você tenha o direito de reclamar do salário que ganha, da casa onde mora ou do carro que tem. Mas você não tem o direito de reclamar das 24 horas que recebe todos os dias para transformar sua vida. Escolha vencer e terá todos os dias uma nova oportunidade para construir novos caminhos e para escrever belas histórias nos capítulos da sua vida.

A PRISÃO INTERIOR

Provavelmente, em algum momento da sua vida, você viu de longe o sucesso alheio e ficou admirado. Imaginou-se com tamanha prosperidade, mas conformou-se com sua posição e aquietou-se.

Existe uma prisão interna que violenta silenciosamente seus sonhos, que não causa dor física, mas apenas uma profunda angústia e depressão. É como se você pudesse ver as pessoas do seu lado prosperando, realizando sonhos, felizes, e você debaixo de uma nuvem de tempestades. Quando está assim, você perde de vista as coisas boas e as oportunidades de sua vida e, quando menos espera, vê-se odiando o emprego, as pessoas próximas, tudo! O futuro passa a ser uma incógnita sombria. Você sabe que existe uma saída, mas seu cérebro é incapaz de reconhecer isso.

Nada daquilo que você tenta fazer dá certo. A promoção em seu emprego nunca chega, as dificuldades só aumentam, os planos ficam para trás, as vendas de sua empresa caem, e por diversas vezes você colocou a culpa no governo, em crises econômicas, em outras pessoas, mas, no fundo, sabe que está limitado dentro de um quarto escuro.

Nessa prisão interior e imaginária criada por você mesmo, muitas vezes uma vontade imensa de desistir toma conta de seu coração, o choro e a angústia passam a ser seus colegas de cela, sua alma enfraquece, fica vazia e solitária.

Recordo-me de uma experiência por que passei. Durante uma palestra que estava realizando, um jovem bêbado entrou no recinto, aproximou-se de mim e insistia que eu lhe dissesse algumas palavras para que ele parasse de beber. Ele imaginou que aquele evento era um culto evangélico, que eu era um pastor e que ele precisava de uma bênção para largar o vício. Consegui convencê-lo a aguardar o fim da palestra, e conversamos por alguns minutos.

Enquanto conversava com ele, reforcei a ideia de que apenas ele poderia abandonar de uma vez por todas o vício. Ele precisaria de ajuda, é claro, mas a iniciativa deveria ser dele. Inconformado com minhas palavras, uma vez que esperava uma palavra mágica, saiu resmungando e, ao passar pela porta, abaixou-se atrás de um vaso de flores, pegou uma garrafa de bebida que havia ali escondido e se foi.

Não existem palavras mágicas capazes de mudar seu destino. As pessoas passam seus dias esperando um milagre, uma solução dos céus, mas não é assim que funciona. No entanto, existe uma maneira de acabar com isso e voltar a viver como você realmente merece. A chave da liberdade é a capacidade de reassumir o poder de suas emoções, o poder de decisão e das escolhas. Reassumir, você como dono seus sonhos e do seu futuro, jamais permitindo que a posição de prisioneiro se torne confortável.

Sei que somos julgados erroneamente ao longo da vida. Ela valoriza os bem-sucedidos e ignora os demais. Mas é incorreto dividir as pessoas em grupos de vencedores e perdedores. Existem os vencedores e aqueles que ainda não chegaram lá, que precisam seguir um método capaz de elevar o nível de realização e potencializar suas forças.

Ninguém sai de sua prisão interior e chega ao sucesso definitivo sem se organizar e trabalhar duro. Independentemente de sua posição atual, é preciso entender que a vida só vai fazer sentido quando olhar para trás. Você só compreenderá seu presente olhando para o passado e só construirá seu futuro agora!

Essa é a hora de retomar os projetos, planejar sua nova história e ir em busca de sua liberdade. Portanto, nos capítulos a seguir, compartilho com você o método com cinco atitudes para reposicioná-lo na vida e ajudá-lo (se você se permitir, é claro) a alcançar níveis superiores de desempenho em sua vida.

O COMBUSTÍVEL DO SUCESSO

É fato que tudo aquilo que podemos imaginar nosso cérebro é capaz de realizar. Mas a pergunta que você deve fazer a si mesmo todos os dias é: "Quanto você está comprometido com seus resultados?". Existem profissionais talentosos em todas as áreas profissionais, alguns sentem o gosto amargo do fracasso todos os dias e, ainda assim, não entendem que a palavra-chave do sucesso é comprometimento.

Certa vez um grande professor foi convidado a dar uma aula sobre realização de sonhos. Ele pediu a todos que fizessem um grande círculo, entregou uma pequena pedra a cada aluno e disse:

— Desafio vocês a passar a pedra ao colega do lado no ritmo de uma música. Se conseguirem, vão entender o segredo para realizar sonhos.

A partir daí o que aconteceu foi uma tremenda confusão, os alunos não conseguiam se organizar nem entendiam como essa dinâmica poderia ensinar tanto sobre sucesso.

O professor interrompeu a dinâmica e disse:

— Vejo que estão confusos, e, dessa forma, não vão

realizar com êxito essa tarefa. Diga-me de 0% a 100% quanto estão comprometidos com essa tarefa?

O primeiro levantou a mão e disse:

— Sessenta por cento.

O segundo aluno disse:

— Oitenta e nove por cento.

Um terceiro aluno levantou e disse:

— Cinquenta por cento.

O sábio professor então completou:

— Todas as conquistas da vida só são alcançadas baseadas em duas coisas: no trabalho duro e no comprometimento. Na vida não importa de onde você veio nem quais são suas qualificações, se você não se comprometer 100% com o resultado, o resultado será qualquer coisa, mas não será 100%. Essa é a matemática da vida! Comprometer-se 100% é se empenhar, colocando em cada tarefa, por mais simples que seja, o seu máximo. Independentemente de sua profissão ou de sua ocupação, seja o melhor naquilo que faz. A excelência e o comprometimento devem se tornar sua marca pessoal.

CAPÍTULO 3

"A coragem é a primeira das qualidades humanas porque garante todas as outras."

Aristóteles

3

CORAGEM E DISPONIBILIDADE PARA ERRAR

Certa vez, em um daqueles papos entre amigos, perguntaram-me: "Se pudesse pedir a Deus apenas uma única virtude que o acompanharia durante toda a sua vida, o que escolheria?". Respondi: "Coragem!". Acredito que é a primeira e talvez a mais importante das virtudes.

Coragem é uma daquelas palavras que está na boca de todos os líderes de sucesso, das pessoas bem-sucedidas e dos grandes desbravadores. Pergunte a um grande empreendedor qual foi o ponto-chave de seu sucesso e terá como reposta a capacidade de ter coragem em momentos de adversidade e de decisão. Dentre todas as virtudes, a coragem é uma das mais admiradas no mundo. A coragem é a virtude dos heróis, e os heróis são sempre admiráveis. Quem não admira a coragem de Gandhi por lutar pelos direitos de seu povo? E Madre Teresa de Calcutá, por suas obras de caridade?

Segundo Aristóteles, "a falta de coragem é a covardia, e o seu excesso é a temeridade, a imprudência, e todas são desprezíveis". Assim, coragem é o equilíbrio entre o medo e o destemor. Ter coragem pouco tem a ver com irresponsabilidade ou imprudência. Para algumas pessoas, ser uma pessoa corajosa significa não se preocupar com consequências e fazer tudo o que vier à mente. Porém, isso não define a palavra coragem.

Coragem significa destemor diante de situações controversas, arriscadas ou dolorosas, aquelas situações que pessoas comuns procuram evitar, fugir ou, até mesmo, esconder-se. A palavra coragem descende do francês medieval e queria dizer 'grandeza no coração', no sentido de grandeza de espírito.

Portanto, coragem é a vontade determinada de enfrentar o medo, as dificuldades e a dor. É a grande virtude daquele que é chamado a viver uma vida de sucesso. É a marca registrada de todos os que buscam ser bem-sucedidos.

Certa vez um rei submeteu sua corte à prova para preencher um cargo importante em seu reino. Muitos homens poderosos e sábios reuniram-se ao redor do monarca.

— Eu tenho um grande problema e quero ver qual de vocês é capaz de resolvê-lo – disse o rei.

Conduziu, então, os homens a uma porta enorme, maior do que qualquer outra por eles já vista, e disse:

— Aqui está a maior e mais pesada porta do meu reino. Quem de vocês pode abri-la?

Alguns simplesmente balançaram a cabeça. Outros olharam a porta mais de perto, mas reconheceram que não tinham capacidade para fazê-lo. Após ter escutado o restante da corte, todos concordaram que o problema era difícil demais para ser resolvido. Somente uma pessoa aproximou-se da porta.

Ela a examinou com os olhos e os dedos, tentou movê-la de muitas maneiras e, finalmente, puxou-a com força. E a porta abriu-se. Ela estava apenas encostada, não estava completamente fechada. Para abri-la, bastava que alguém tivesse disposição de reconhecer tal fato e coragem de agir com audácia.

O rei, então, disse;

— Você receberá uma posição na corte, pois não confiou apenas naquilo que viu ou ouviu; você colocou em ação suas próprias faculdades e arriscou experimentar.

Quando ainda estava na faculdade, um de meus professores disse uma frase que sempre guardei dentro de mim e, todas as vezes que achava que o mercado estava escasso e difícil, lembrava-me dela: "O sol nasce para todos!".

Durante muito tempo acreditei que o fato de o sol nascer para todos já me garantia o sucesso. Ou seja, o sucesso está em algum lugar, basta encontrá-lo. Ao sair da faculdade e encontrar as dificuldades do mercado de trabalho, conhecer o empreendedorismo e toda a responsabilidade que isso exige, percebi que a frase está incompleta. A frase correta, segundo minha experiência de vida, é: "O sol nasce para todos, mas é preciso muita coragem para sair da sombra e ir se queimar nele".

Vivemos em uma era de oportunidades. Nunca antes o sol brilhou tão forte como agora. Se você tem ambição, coragem e inteligência, pode chegar ao topo da profissão ou da carreira que escolheu, independentemente de onde tenha começado. Saia da sombra imediatamente. Use um protetor solar e vá se queimar no sol!

POR QUE TEMOS PENSAMENTOS DE INCAPACIDADE?

Você está se preparando para um momento especial em sua vida, uma decisão importante a ser tomada que vai mudar radicalmente os rumos de sua vida. Algo novo pode acontecer. Um lado do cérebro está animado, você começa a pensar no sucesso que vai ser, em todas as coisas boas que vão acontecer e, de uma hora para outra, é como se uma nuvem negra pairasse sobre sua mente, e todos os pensamentos positivos desaparecem. Uma chuva de pensamentos negativos começa a invadir sua mente. Um amontoado de perguntas sem respostas lhe tira toda a sua animação, e o medo passa a tomar conta de você.

Isso acontece com você? Não se preocupe. Acontece comigo também! Acontece com meus amigos. Acontece com as pessoas que mais admiro na vida. Acontece com pessoas bem-sucedidas e também com as malsucedidas. O que quero dizer é que é muito normal que isso aconteça. Isso porque o cérebro tem como principal função preservar a pessoa e sua integridade.

Quando você está diante de um projeto e fica com medo de ir adiante, é seu cérebro dizendo: "Cuidado, não faça isso". Ele não quer que você sofra, não quer que você se frustre ou sinta rejeição. Ele quer preservá-lo das pessoas que vão chamá-lo de fracassado ou de perdedor.

No processo de luta por seus sonhos, você vai enfrentar muitos desapontamentos, muita dor, muito sofrimento, mas a primeira coisa que você precisa ter em mente é que nosso cérebro só evolui se estiver disposto a errar. O cérebro humano é uma máquina perfeita, porém muito cautelosa. Prefere limitar movimentos e ações para economizar energia. É função de seu cérebro protegê-lo e evitar que você sofra. Quando parte do seu cérebro propõe-se a fazer algo novo, a outra diz: "Melhor não fazer isso. E se der errado? E se não funcionar? Você vai sofrer e vai doer muito!". Ele está corretíssimo. Mas, se der errado e não funcionar, o cérebro vai desenvolver uma maneira para que você não erre novamente, é aí que ocorre o aprendizado.

Quando se aprende a tocar um instrumento musical, os movimentos são limitados e lentos. À medida que você vai aprendendo (errando), os movimentos vão ficando mais soltos e rápidos. Isso porque você forçou seu cérebro a aprender uma maneira nova, usando as falhas anteriores.

Nós crescemos, evoluímos e precisamos entender que, à medida que erramos e tentamos novamente, nosso cérebro vai se transformando em um supercérebro. Daí vem a frase: "Errar uma vez é humano. Errar duas é desatenção".

Agora que você entendeu por que frequentemente tem pensamentos limitantes, lembre-se de que não são seus poderes que desaparecem quando você cresce. É sua coragem de usá-los que diminui.

Só aprendemos com os erros, e a má notícia é que isso muitas vezes é um processo árduo e doloroso, porém extremamente importante para sua evolução rumo ao sucesso. Ter coragem e disponibilidade para seguir em frente, fazer coisas novas e tentar algo que ainda não tentou é coisa para vencedores! Você é um vencedor e nasceu para vencer.

SEJA UM PEQUENO COM MENTE DE GIGANTE

Algum tempo atrás fui procurado por um amigo para uma breve conversa. Naquela época, ele ajudava o pai no empreendimento da família, porém estava insatisfeito com os resultados que estava obtendo.

Eram seis anos dedicados à empresa, que permanecia sem crescimento. Por mais que pudesse dar resultados superiores, pois havia capital humano, financeiro e estrutural, nada funcionava. E, depois de alguns minutos e algumas xicaras de café, notei uma grande deficiência na maneira como ele via o negócio.

Por mais que ele quisesse decolar, buscar novos clientes e alavancar os lucros, sua mente estava travada. Ou seja, o problema não era a empresa, mas a mente empreendedora dele. Era como se ele estivesse sentindo o momento certo para passar de fase em um jogo de videogame, mas algo fazia com que fosse contaminado com o vírus da incapacidade. Sentia-se frágil e, por mais que as ideias fossem boas, tinha medo de executá-las.

Antes de qualquer mudança, antes de qualquer passo ou antes de iniciar qualquer projeto, deve-se alterar o estado mental para que ele possa aceitar seu novo momento e, mesmo pequeno, mostrar-se um gigante guerreiro.

Portanto, faça sua jogada antes do jogo começar, pense grande e seja gigante, mesmo que você ainda não tenha nada. Essa reprogramação mental pode parecer bobeira, mas faz diferença enorme em suas atitudes. Vista-se como um campeão, como uma pessoa bem-sucedida da sua área, aja como tal, pois antes de ter é preciso ser.

No momento de transformação mental, tome muito cuidado com as pessoas que o cercam. Prefira sempre estar ao lado de pessoas bem-sucedidas e de pessoas que têm boas histórias para contar. A máxima de que nós somos a média dos nossos melhores amigos é verdadeira. Então, frequente lugares onde as pessoas bem-sucedidas estão, como clubes de discussão, grupos empresariais e de estudo, palestras e treinamentos, faculdades, e observe como pessoas com mente de vencedores conversam entre si, veja como se comportam, perceba as características emocionais e use-as como referência.

Chute seus medos, suas barreiras e toda procrastinação para escanteio. Decida viver o hoje como se fosse seu futuro. Existe um ser dentro de você implorando para viver. E ele é gigante! Decida abrir a cela que o manteve preso, acorrentado, congelado e até envergonhado por tanto tempo.

Faça uma faxina em sua vida e jogue fora o que não lhe serve ou o que não está de acordo com seus planos futuros. E não se limite apenas a objetos. Você precisa limpar de sua vida memórias, sentimentos e até pessoas que o impedem de criar uma vida maior e de esplêndida grandeza. Às vezes, menos é mais. Abra sua mente a uma nova pessoa que está por vir.

TER VONTADE NÃO É SUFICIENTE

Chegamos a um ponto em que é fundamental diferenciar "ter vontade" de "ter coragem". Conheço muitas pessoas que têm vontade de ter sucesso, de serem reconhecidas por seus talentos, de se aventurarem, mas têm medo de falhar. Por isso, falta-lhes coragem para sair da zona de conforto e ser feliz!

Tenho uma tia que atualmente vive sozinha. Ela é viúva, recebe uma boa pensão e tem uma boa casa. Seus dois filhos já estão casados, e hoje ela tem uma vida financeira relativamente tranquila. Dias atrás fui fazer uma visita à casa da tia Margareth e espantei-me com suas lamentações. Apesar de sua qualidade de vida, reclamava que não tinha nada para fazer, que ficava o dia inteiro dentro de casa e que sua vida se resumia a acordar, comer e dormir. Durante nossa conversa, tia Margareth apontou o dedo para a TV e disse:

— Olha aí... Eu queria ser como essa atriz da novela. Todo dia sai à noite. Todo dia conhece um restaurante novo. Todo dia vai ao teatro e faz algo diferente à noite.

Interrompi-a e disse:

— Mas, tia... por que você não faz isso? Dinheiro não é o problema, e eu sei disso; os filhos já estão casados, não tem nada que a impeça de sair à noite, curtir um pouco a vida e conhecer gente nova.

Ela olhou para mim com uma expressão de desprezo e disse, apontando o dedo para a TV:

— E você acha que vou perder o capítulo da novela?

Essa é a realidade atual de centenas de pessoas com quem me encontro frequentemente. Há muitas pessoas por aí com vontade de ser feliz, mas preferem não arriscar, não tentar, não falhar. Passarão o resto da vida dentro de sua prisão interior, vendo detrás das grades a liberdade alheia e lamentando-se por não ter tido oportunidade de ser feliz.

Quem vive assim perde a oportunidade de viver a vida que tanto sonhou. Com o passar dos anos, vai perceber que nada aconteceu e que as dificuldades e as tristezas só aumentaram. Recentemente, um amigo me dizia que viver dá trabalho. É verdade. Viver não é tão simples como parece. Não é apenas abrir os olhos pela manhã, não é apenas esperar que seus pulmões e seu coração façam movimentos involuntários. Viver é muito mais que existir.

Viver implica amar, confiar nos outros, arriscar-se, reconhecer seus medos e suas impossibilidades. Existir é ser, enquanto viver é estar. Mas é também falar, lutar, produzir, cantar, ajudar, alegrar... Viver é principalmente participar do mundo e da vida de outras pessoas. E isso dá trabalho.

Existir é solitário, viver é ajudar e ser ajudado. Você não pede ao mundo para existir, mas, para viver, você negocia alto, implora, e isso não é humilhante. Implorar para viver é dizer ao universo: "Ei, estou aqui e não vou passar por essa terra sendo apenas mais um. Tenho algo a conquistar, e nada nem ninguém vai me segurar".

Enfim, para viver é preciso muito mais que vontade. É preciso ação. Então, levante-se e mostre ao mundo sua força, conte a todos quanto você é abençoado e quanto está disposto a seguir caminhando rumo aos seus sonhos. Esta é a sua hora, este é o seu momento. Valorize-o e não deixe um segundo sequer passar em sua vida sem que seja notado. Não temos tempo a perder. Nossos sonhos não têm prazo de validade, mas, se não buscá-los, eles se vão.

O PREÇO DA REALIZAÇÃO

Ter coragem é ter a capacidade de seguir adiante em busca de seus sonhos, apesar do medo e da dor. Ter coragem é pagar o preço por um sonho, mesmo que custe caro. Esteja disposto a pagar à vista por ele.

Certa vez, uma repórter aproximou-se do treinador de uma equipe de vôlei e perguntou, logo após a final de um campeonato:

— Não tem descanso?

— Não pode. Nós temos competição ainda. O nosso ciclo ainda não acabou. Temos ainda duas competições de peso para este ano – disse o treinador.

— Eu não queria ser atleta, não, hein?! – comentou a repórter.

O treinador, então, respondeu:

— É por isso que você é repórter, e eles, campeões olímpicos.

Você tem de ter consciência que cada sonho tem um preço que não é pago com valores financeiros. É pago com sacrifícios, privações, superações, muita vontade e atitude. Dê a vida por um sonho se necessário.

No universo dos esportes, para chegar ao pódio, é fundamental que o atleta acorde cedo todos os dias e treine arduamente sob chuva ou sol. Terá de sacrificar as baladas com os amigos e privar-se do álcool e das drogas. Seu maior desafio não serão os outros competidores, e, sim, ele mesmo. É uma batalha interna travada todos os dias. Portanto, treine e lute todos os dias. O grande nadador Michael Phelps, que nos Jogos Olímpicos de 2008 ganhou oito medalhas de ouro e que já quebrou em sua carreira 37 recordes mundiais, tem uma rotina dura de exercícios, concentração e dieta. Ao longo dos cinco anos que antecederam os Jogos Olímpicos de 2008, ele só saiu de sua rotina cinco vezes. São muitas privações, muitas horas de batalha individual, para que em uma prova que dura pouco mais de 90 segundos ele conquistasse sua glória.

O sucesso é construído nos bastidores. E isso é uma verdade que poucas pessoas entendem. Enquanto muitos estão descansando ou gastando tempo, as pessoas bem-sucedidas estão planejando e se aprimorando.

Assim que encerrou o show do grande pianista Arthur Moreira Lima, um senhor aproximou-se e disse:

— Magnífico! Eu daria a minha vida para tocar como você toca.

— Eu dei – respondeu Arthur pacientemente –, foram 39 anos dedicados à música, estudando uma média de oito horas por dia. Para tocar como toco, eu dei a vida – completou.

Busque dentro de si a coragem que precisa para ir de encontro a seus objetivos e suas metas. Mentalize o sucesso e lembre-se: não existem glórias sem dores, nem vitórias sem lágrimas.

O QUE APRENDI COM AS DORES

É durante o processo de lutas, de perdas, de dores que você vai descobrir coisas que desconhece sobre si mesmo. É com as lutas que você percebe que é muito mais poderoso do que pode imaginar e que não deve passar pela vida sendo uma vítima.

Quando decidi montar minha primeira empresa (conheça toda a história no capítulo 5), no último ano da faculdade, agi por impulso. Não planejei como deveria e acumulei uma grande dívida com meus fornecedores. Foi um momento difícil no qual em diversos momentos me questionava por que precisava passar por esses constrangimentos; por que eu.

Eu era apenas mais um entre os milhares de jovens brasileiros que sonhava em ter o próprio negócio e a conquista da independência financeira, que sonhava em ter uma empresa que pudesse empregar várias pessoas e ajudar várias famílias. Mas, à medida que os dias passavam, via meu sonho escorregar por entre meus dedos, e as dívidas me faziam questionar minha capacidade.

Eu me vi perdido, sem rumo, pensando diversas vezes em desistir, além de me preocupar com o que os outros estavam falando de mim. Passei, então, a me colocar como um fracassado em tudo o que fazia. Tentei muitas estratégias no meu negócio, mas nada dava certo. Sempre fui uma pessoa muito correta em meus negócios, e aquele ambiente hostil de cobranças estava me deixando louco. Foi quando, já cansado e pensando em desistir, tive uma conversa com meu pai.

Meu pai, homem simples de pouco estudo, mas que conseguiu seus bens financeiros trabalhando a vida toda como autônomo, disse-me:

— É assim mesmo, meu filho. As coisas nem sempre são como a gente planeja. Mas volta lá e vê o que consegue fazer. Se não der certo, volte, e a gente resolve esse problema junto.

Nesse momento foi como se eu sentisse que não estava sozinho e o que eu realmente entendi foi: nada é fácil, dói muito! Volte lá e aprenda com essa situação! Quando estiver pensando em desistir, aprenda novamente. Se por acaso desistir, aprenda novamente e volte para casa, e vamos resolver esse problema juntos.

Senti-me encorajado depois dessa conversa com meu pai. Talvez o que eu precisasse naquele momento de preocupação fosse apenas conversar com alguém que estava de fora do problema. Voltei mais motivado, e alguns dias depois aconteceu uma grande virada no meu negócio.

Sempre depois de uma grande tempestade vem o arco-íris. Hoje sei que os momentos de dificuldades por que passei foram de preparação. Tenho certeza absoluta de que aqueles meses foram os de maior aprendizado na minha carreira. É na dor que se aprende a ser forte.

Se hoje você está passando por dificuldades ou problemas em sua vida, sua carreira ou seu negócio, prepare-se! Vem coisa boa por aí! Você está passando por um momento de transformação. A experiência ganha neste momento é fundamental para sua sustentabilidade.

Você sabia que 33% dos ganhadores de grandes fortunas em loterias perdem tudo em poucos anos? Transformar-se da noite para o dia em um grande milionário, sem ter passado pelos obstáculos que nos preparam, é um risco. O ganhador se vê sem ação, e a primeira coisa que pensa em fazer é mandar o chefe se danar e pedir demissão. Pouco tempo depois, após esbanjar muito dinheiro, vê-se pobre novamente.

O processo natural de metamorfose de uma borboleta também exige tempo, paciência e capacidade de suportar as dores. Certa vez, por curiosidade, resolvi ajudar uma borboleta que estava começando a sair do casulo. E o resultado foi trágico. Ao ajudá-la a sair do casulo, interrompi o processo de fortalecimento de seu corpo. E assim, pouco tempo depois que a retirei do casulo, ela morreu.

Lembre-se de que há dias para plantar e dias para colher. São nos dias de dificuldades que você rega e aduba a plantação de seus sonhos. Aprenda a ressignificar suas dores e, quando passar novamente por dificuldades, diga em alto e bom som: "Estou me preparando para os melhores dias da minha vida!".

CORAGEM PARA DIZER NÃO NO MOMENTO CERTO

Tenho certeza de que você, em algum momento da vida, se viu em uma posição em que gostaria de ter dito "não" a alguém, mas por medo de parecer uma pessoa chata acabou dizendo "sim". Isso também já aconteceu comigo. E confesso que é horrível. Ouvi recentemente a palestra de um grande empresário do ramo alimentício, que disse: "Só cheguei aonde cheguei porque aprendi a ser verdadeiro comigo mesmo, aprendi a ser egoísta na medida certa e aprendi a dizer 'não' quando realmente precisava".

O fato é que somos criados para ser pessoas sociais, e lutamos muito para ser aceitos e aprovados em nossos grupos. Buscamos ser pessoas agradáveis, daí nossa resistência em dizer "não". Acreditamos que dizer "sim" nos torna pessoas mais amigáveis e prestativas. Além disso, temos dificuldade em lidar com conflitos e fazemos tudo para evitá-los. Por isso, muitas vezes, nos tornamos liberais demais com nossos filhos, com nossas amizades, com nosso chefe... O grande problema é que vejo muitas pessoas vivendo o sonho que não é delas pela incapacidade de dizer: "Não! Eu preciso viver o meu sonho".

Diversas vezes encontrei alunos frustrados em sala de aula porque estavam em um curso da faculdade que os pais gostariam, e não eles. Eram pessoas infelizes, mas, ao mesmo tempo, incapazes de reassumir o controle da própria vida. Esse cenário é mais comum do que você imagina. É natural alguns pais quererem que seus filhos sigam seus passos, a mesma profissão, o mesmo estilo de vida, e desde criancinha tentam influenciar até no time de futebol que o filho torce. Como pais, temos de ajudar nossos filhos a trilhar os bons caminhos e ensiná-los a tomar as melhores decisões, e não decidir por eles. Se eles errarem, cabe aos pais ficarem ao lado e perguntar: "Aprendeu?".

Por mais difícil que possa parecer dizer "não", saiba que não dói mais que o remorso de ter dito "sim". Quem o ama de verdade vai entender e ficar do seu lado. Nossa vida é muito pequena para viver os sonhos dos outros. Dizer "não", "não posso agora", "não vou fazer isso" não é ser deselegante nem tampouco indelicado; é ser assertivo. Ou seja, dizer o que tem de ser dito, sem ser agressivo.

Também é preciso tomar cuidado com caminhos que vão tirar seu foco. Diga não sem titubear. Recentemente fui abordado por uma pessoa que me convidou a fazer parte de um novo empreendimento. Apesar de ser uma proposta tentadora, pois os retornos financeiros eram bem generosos, disse "não" sem sequer pedir um tempo para pensar. A pessoa então me perguntou:

— Como pode ter tanta certeza para dizer não sem ao menos pensar e analisar a proposta?

Na verdade, vivemos num momento em que nunca temos certeza absoluta de nada. Por melhor que tenha planejado e previsto cenários, nunca estamos seguros em relação a fatores que não podemos controlar, como saúde, clima, crises financeiras, etc. Sendo assim, corri um sério risco de futuramente perceber que perdi uma excelente oportunidade. Mas, quando dividimos nossa energia, perdemos completamente o foco e, a partir daí, ficamos vulneráveis à frustração.

Mas, Janderson, e quando aparecer uma oportunidade e fizer minha mente ficar dividida?

Embora eu particularmente valorize as pessoas focadas, se em algum momento de sua vida uma oportunidade fizer seus olhos brilharem, seu coração acelerar e seu corpo balançar, leve em consideração a possibilidade de mudar de trajeto, pois, se deixou uma oportunidade gerar sentimentos tão fortes dentro de você, ou é porque realmente é uma oportunidade de ouro, ou é porque você não está tão apaixonado nem tão focado no que faz atualmente.

Mentores e amigos podem até ajudar a iluminar seu caminho, mas apenas você poderá trilhá-lo. Apesar de suas escolhas, ação ou omissão, pode haver consequências e responsabilidades que você deve enfrentar. Seja gentil consigo mesmo e resiliente em suas ações e aprenda a confiar em seus instintos.

CAPÍTULO 4

"O futuro tem muitos nomes.
Para os fracos é o inalcançável.
Para os temerosos, o desconhecido.
Para os valentes é a oportunidade."
Victor Hugo

4

ESCOLHA O SEU FUTURO

Ao nascer, recebemos o livre-arbítrio para decidir sobre nossa vida. Ter livre-arbítrio é ter a capacidade de decidir e escolher em virtude da própria vontade. Dessa forma, temos em nossas mãos a capacidade de escolher o que, quando e por que queremos algo. Mas talvez você pense: "Se tenho o poder de escolha, por que é tão difícil decidir? Por que, quando estou diante de um problema que exige solução ou decisão imediata, fico paralisado e sem saber o que fazer?".

Porque, quando decidimos sobre algo, não levamos em consideração apenas os nossos sentimentos e o impacto sobre a nossa vida. No momento da decisão, levamos em consideração inúmeros fatores. As pessoas que serão afetadas, os sentimentos que a decisão vai causar, o que vão falar.

Agora, se você não agir nem escolher, também terá feito sua escolha! Ao decidir não escolher sobre sua vida, você dá liberdade para que outros escolham por você o que acham mais adequado no momento ou na ocasião.

Antigamente nosso destino era traçado quando nascíamos. Filhas de artesãos só poderiam se casar com filhos de artesãos. Quem nascia pobre nunca teria chance na vida. Hoje, ter sucesso e mudar sua história é uma escolha! Uma das maiores descobertas de nossa geração é que podemos mudar nossos rumos, mudando nossa atitude mental.

Em cada momento de vida, você tem o poder de escolher quem é ou quem está se tornando. Esse é um processo lento que acontece nas pequenas coisas, nas conversas que tem com os amigos, na maneira como você honra seus compromissos e suas promessas, na prática de dizer a verdade incluindo a si mesmo, na atenção e no carinho que você traz em suas ações e atividades diárias. Nunca é tarde demais para optar por se tornar a pessoa que você sempre quis. Você constrói uma vida grande pelas escolhas que faz e pelas decisões que está disposto a tomar. Comprometa-se com a grandeza que existe dentro de você!

TALENTO NÃO É TUDO

Pare a leitura por um momento e olhe para sua impressão digital em seu dedo polegar. Agora reflita: "Quantas pessoas existem no mundo com uma impressão digital igual à sua?" Você poderia ter um irmão gêmeo, mas vocês não teriam uma impressão digital igual. Sabe o que isso significa? Significa que, por mais que existam pessoas que acreditam em você e torcem pelo seu sucesso, se você não quiser, nada acontece.

Logo após uma palestra que realizei recentemente, uma mulher aproximou-se para tirar fotos e aproveitou para me perguntar quem cuidava da parte visual de meu trabalho – site, slides, enfim, a minha parte gráfica. Ela dizia que o filho era uma pessoa talentosíssima, que fazia sites maravilhosos, mas há dois anos não conseguia se firmar em nenhum trabalho. Já tinha passado por várias empresas nesse período e no momento estava desempregado.

Segundo a mãe, ele precisava assistir a uma palestra motivacional para dar uma chacoalhada.

Foi quando perguntei:

— Mas por que ele não veio? Poderia ter vindo participar dessa palestra, era um evento aberto.

A mãe, então, respondeu:

— Eu até chamei, mas só tem um probleminha. Ele é um pouquinho preguiçoso.

Você tem de ser merecedor daquilo que quer. Tenho um pensamento muito particular sobre o sucesso. Na vida você não recebe o que quer. Seria tudo muito mais simples assim. Na vida você recebe o que merece! Ser merecedor do sucesso vai muito além de ter talento. Afinal, ter apenas talento em qualquer que seja a área não é suficiente.

Vejo em diversas áreas profissionais talentosíssimos, mas que, por falta de compromisso com a carreira e até com a vida, não conseguem decolar. Comprometimento é a palavra-chave do sucesso.

Uma pessoa pode ser extremamente talentosa, mas, se não estiver disposta a se comprometer com seus resultados, vai passar o resto da vida lamentando-se e falando que nada dá certo.

Talento + descompromisso = frustação

Talento + comprometimento = sucesso

Você tem de merecer ser um vencedor. Você tem de merecer a casa de seus sonhos, tem de merecer o carro com que sempre sonhou ou a qualidade de vida que sempre quis.

Sonhos determinam o que você quer, mas são suas atitudes, suas ações, que vão dizer se haverá realização! Sua vida não é um *reality show* em que você assiste sentado em frente à TV. Sua vida é real. Pegue de volta o controle remoto da sua vida e aperte a tecla "ligar".

DOIS PROBLEMAS QUE TIRAM A CAPACIDADE DE REALIZAÇÃO

Você está satisfeito com a vida que tem? Está satisfeito com os resultados que tem obtido? Então está na hora de começar a escrever o futuro que você quer ter! Está na hora de reassumir, de uma vez por todas, o poder de escrever sua própria história. Lembre-se de que na vida há ganhadores e aqueles que ainda não encontraram a maneira de ganhar. Talvez estes últimos precisem de uma orientação para ajustar as velas e começar a velejar rumo ao seu sonho. Então, deixe-me ajudar você.

Existem dois problemas que podem destruir seu futuro e tirar sua capacidade de realização. O primeiro é quando você não tem o futuro definido.

A partir do momento que você não tem um futuro definido, corre o risco de entrar na inércia existencial e se esquecer de que na vida é você quem decide seus caminhos. Ao entrar nessa zona de conforto, as pessoas paralisam suas ações e passam dias, meses e até anos sem se preocupar com a própria vida. E então, quando menos esperar, o tempo passou, a idade chegou, e já não se veem capazes de seguir o caminho rumo aos seus sonhos.

É lamentável que, em pleno século XXI, a era que

Stephen Covey, autor do best-seller Os 7 hábitos das pessoas altamente eficazes, chama de "a era da velocidade", ainda existam pessoas que optem por deixar a vida levá-las. Ainda que muitos acreditem em destino, acredito que ele não é um acontecimento por acaso e sem nexo. Dessa forma, todos temos capacidade de criar nosso destino ou, pelo menos, de influenciar nossas ações para ter um destino próximo do que esperamos. Como o mundo transforma-se de maneira extremamente acelerada, talvez a mais importante vantagem competitiva que uma pessoa possa ter seja a capacidade de aprender mais rápido e trabalhar com o maior nível de excelência possível.

Suas metas e seus planos devem estar muito claros em sua mente. Deixar que a vida leve você é um erro muito comum, que tira o poder de decisão e de escolha das suas mãos. Se optar por deixar a vida levá-lo, terá de se contentar em ler as histórias que os outros escrevem sobre você.

Muitas pessoas deixam que a vida as leve, não se preocupam com o dia de amanhã e sequer tem suas metas e seus planos futuros definidos. Você comete um grave erro quando não assume o poder de decisão sobre sua vida. A vida assemelha-se com um barco à deriva: se o capitão não assumir o leme, o vento passa a ser o condutor e o levará aonde quiser.

Fique atento a sua meta. Ela tem de estar muito clara e muito objetiva para você. Quanto mais detalhadas forem suas metas, mais fácil será traçar estratégias eficientes para alcançar o objetivo.

Neste momento, é importante ressaltar que traçar metas deve ser um exercício de paciência e cuidado, pois, por meio desse ato, você direciona suas ações e seus pensamentos e garante que suas energias estarão 100% empregadas no intuito de concluir seu objetivo.

Permita-me explicar a você o método que vai garantir o sucesso de suas metas, porém, antes, vamos diferenciar objetivo e meta.

Objetivo é a descrição do que você espera alcançar, já a meta é composta das etapas necessárias para concluir o objetivo. Para simplificar, imagine que seu objetivo pessoal seja ser aprovado em um concurso público. Ao definir seu objetivo, chega a hora de definir suas metas, que serão as ações que o farão chegar ao resultado final. Estudar três horas por dia, matricular-se em cursinho, aprender a controlar sua ansiedade. Mais importante que ter um objetivo desafiador e motivador é ter metas claras que vão ajudá-lo a chegar ao resultado final positivo.

E, para garantir que as metas traçadas estejam prontas para serem atingidas, apresento-lhe o método SMART.

O método SMART é uma espécie de *check-list* que garante que suas metas sejam coerentes com o objetivo. Dessa forma, uma meta deve ser:

1. *Specific* (específica) – especificar uma meta é tirar a possibilidade de ambiguidade ou de mal entendimento. Uma meta específica facilita a criação de ações, a avaliação e o controle.
   Exemplo: começar a estudar duas horas por dia; ler um livro por mês; aumentar em 10% as vendas do mês.

2. *Measurable* (mensurável) – uma meta tem de ser mensurável. Se determinar como meta aumentar suas vendas em 10%, mas não tiver como avaliar os resultados de suas vendas, sua meta está incorreta.

3. *Attainable* (atingível) – metas precisam ser ousadas, porém dentro de uma realidade possível. Talvez uma das maiores falhas que as pessoas cometam quando decidem especificar suas metas seja estabelecer metas difíceis de ser atingidas ou fora de sua realidade pessoal.
   Exemplo: digamos que seu objetivo é passar em um concurso público. Para tanto, como meta, você define que é preciso estudar oito horas por dia. Essa meta é específica? Sim! É possível mensurá-la? Claro! Porém, se você trabalha oito horas por dia, sua meta se torna inatingível, o que o desestimula, fazendo-o perder a motivação.

4. *Realistic* (realista) – não se deve "chutar" uma meta. Ela deve ser realista e estar de acordo com a realidade.

5. *Time Bound* (com tempo determinado) – sua meta deve ter tempo determinado para se concretizar. Você precisa estabelecer um prazo. A pergunta que você deve fazer é: "Em quanto tempo essa meta deve se concretizar?". Caso você não tenha definido o tempo de realização de uma meta, ela é apenas um desejo.

Escrever seus objetivos é tão importante que um estudo realizado pela Dominican University, com 267 participantes, revelou que aqueles que escrevem seus objetivos e suas metas e comprometem-se com ações dirigidas aumentam em 42% as chances de realização.

Crie o hábito de escrever seus planos. Fazendo isso, você está materializando um pensamento. O simples ato de escrever os objetivos faz com que seu cérebro comece a pensar nas estratégias necessárias para alcançar os resultados.

O segundo problema que destrói seu futuro é a falta de foco.

A partir do momento que você sabe qual futuro quer ter e quais estratégias serão usadas para chegar a ele, terá de ter foco para não gastar energia com coisas desnecessárias. O mais difícil para quem já está no caminho certo é manter-se nele.

Já percebeu que é incrível como tudo parece ir contra aquilo que queremos? Por exemplo, quando uma pessoa decide emagrecer, além de mudar os hábitos alimentares e começar a praticar exercícios físicos, terá de ter muita força de vontade e opinião própria para falar "não" quando um amigo chamar para o churrasco no fim de semana. Num tempo em que a tecnologia e o excesso de informação geram distrações a cada momento, ter foco é ter a capacidade de dizer não – não à rede social, não ao videogame, não a um barzinho – e manter a mente concentrada, de olho nas metas.

No mundo em que vivemos é praticamente impossível atingir resultados expressivos em qualquer área se não houver foco. À medida que iniciamos um novo projeto, várias outras oportunidades aparecem, algumas, extremamente convidativas, parecem ser a chave do sucesso. Conheci recentemente um aluno que dizia que em tudo o que fazia não obtinha êxito. E, em menos de dez minutos de conversa, ele me falou de, no mínimo, cinco negócios que estava desenvolvendo. Percebi que aí estava o problema. Falta de foco. Querer abraçar o mundo não é uma boa opção.

Até dentro do mundo corporativo, uma das armas do marketing é a segmentação, ou seja, é preciso segmentar o mercado para que as ações sejam dirigidas e não se percam durante o trabalho. Sendo assim, fazer muitas coisas é diferente de fazer várias coisas. A partir do momento que suas metas estão definidas, todas as suas ações devem estar em sintonia com elas. Qualquer desvio poderá significar perda de tempo.

O foco é uma das competências mais importantes e valorizadas atualmente. Profissionais que conseguem se manter focados mesmo em momentos de grandes dificuldades conseguem obter muito mais resultados positivos.

É muito difícil se manter no caminho correto, por isso ter uma mentalidade forte e procurar sempre mensurar os resultados, além de comemorar cada conquista, é fundamental. Como diz Rubens Teixeira, em seu livro Como vencer quando você não é o favorito: "Ser focado não significa ser simplório, impaciente nem perder a visão periférica e suas ações, mas saber o que se está fazendo, de onde se está partindo e aonde se quer chegar".

HUMILDADE ABRE PORTAS

Ninguém consegue ficar perto de pessoas que se acham donas da verdade. Essas pessoas são arrogantes e algumas vezes até sem educação. Pessoas arrogantes são aquelas com orgulho extremo, que não evoluem porque acham que já sabem o suficiente. Quando você pensa que já sabe, perde a fantástica oportunidade de aprender. E é no aprendizado que mostramos quanto somos humildes. É preciso muita humildade para aprender quando não se sabe. E muita humildade para aprender até mesmo com alguém que sabe menos que nós.

Aprendi desde muito cedo que humildade é uma das virtudes mais admiradas pelas pessoas. Meu pai, homem simples, sempre dizia que a humildade abre portas e que devemos sempre nos avaliar para não deixar que a arrogância, a prepotência e a soberba tomem conta de nossa alma, pois somente aqueles que sabem pedir e ouvir alcançam o que pretendem.

Precisamos deixar claro que humildade não tem nada a ver com ser manso, fraco ou indeciso. Ser humilde significa reconhecer que do pó viemos e ao pó voltaremos, que muito mais importante que coisas são as pessoas. Ser humilde significa ser humano. Significa ter a capacidade de permanecer modesto quando a vida lhe der exaltação.

Saiba que você não sabe tudo. Você pode até se destacar em uma área, mas lembre-se de que sempre haverá alguém com mais conhecimento, mais experiência e mais habilidade que você. Portanto, conte com aqueles que têm qualificação e experiência relevante para aprender.

Para praticar a humildade em sua vida, lembre-se de que pessoas humildes procuram sempre fazer brilhar a luz de todas as pessoas que o ajudaram a alcançar algum resultado e pratique a caridade de forma anônima. Apenas as pessoas orgulhosas gostam de falar e mostrar suas obras de caridade; mostram o dinheiro dado como esmola, postam fotos do serviço solidário e nunca perdem a oportunidade de dizer que ajudaram alguém. Fica claro que estão praticando a caridade de forma contrária, pois a verdadeira caridade não é egoísta, mas feita exclusivamente em benefício do outro.

Se você combinar humildade com motivação, você terá a capacidade de conduzir seu caminho no sentido do sucesso, sem deixar que as falhas e os problemas o coloquem fora de rota.

ESTOU NO CAMINHO CERTO?

É muito comum eu ser abordado por amigos e principalmente ex-alunos me perguntando se estão no caminho certo. É sempre a mesma história: aproximam-se, compartilham seus sonhos, as ações que estão desenvolvendo para chegar ao objetivo e, por fim, soltam a frase: "Será que estou no caminho certo?".

Talvez você já tenha feito essa pergunta a alguém ou esteja se perguntando isso neste exato momento: "Como ter certeza de que estou no caminho certo rumo à realização de meus sonhos?". Eu preciso dizer a você algo muito importante sobre isso. Não confie a ninguém essa resposta! O sucesso não tem endereço certo. Você pode até encontrar mentores e pessoas que vão lhe mostrar o caminho, mas ninguém pode ajudá-lo a saber se esse caminho é o melhor para você.

Apenas você é capaz de saber se está se aproximando ou não de suas realizações e de seus planos. Os outros darão respostas baseadas no achismo e na própria convicção de vida, e essa nem sempre é a resposta certa. Mas é comum termos necessidade da aprovação de outras pessoas sobre o que fazemos ou sobre o que sentimos. Muitas vezes perguntamos coisas das quais já temos a resposta apenas para nos sentir melhor. No fundo você sabe a reposta. Talvez não queira assumi-la. Mas sabe!

A única maneira de saber se você está no caminho certo é olhando para os seus resultados. Há pessoas que passam a vida olhando os resultados dos outros, mas são incapazes de olhar para os delas mesmas.

É o caso de gestores e líderes que ficam falando de crise, reclamando que o faturamento só diminui, mas são incapazes de olhar para a própria empresa.

Quantas pessoas reclamam que a carreira não vai bem, mas são incapazes de se questionar se estão realmente buscando melhorias contínuas. Vejo pessoas reclamando da família e do casamento, mas são incapazes de se questionar se estão sendo bom pai, boa mãe, bom(a) esposo(a), bom(a) filho(a).

Volte seus olhos para dentro de si e fique tranquilo

pois você terá certeza de que está no caminho certo quando não se importar em acordar mais cedo para ir ao trabalho, quando não se importar em sacrificar um fim de semana ou suas férias planejando seu próximo projeto, quando sentir orgulho de dizer para todos o que realmente você faz e por que faz. Quando as dificuldades e as intempéries não desviarem seu foco. Quando sentir um prazer quase absoluto ao fazer o que faz, mesmo sabendo que isso talvez não traga todo o retorno financeiro que gostaria de imediato. Quando sentir vontade de desistir, mas algo forte dentro de você o fizer continuar. Quando perceber que está se divertindo e que seu presente maior é a possibilidade de evoluir todos os dias. Nesse momento, você terá certeza de que estará fazendo algo que gostaria de fazer pelo resto da vida. Evite se deixar contaminar com o sucesso dos outros. Mantenha o foco em você.

PROPÓSITO DE VIDA

Haverá momentos durante sua vida em que você vai se perguntar: "Por que estou aqui? Isso realmente vale a pena? Será que os problemas, os desafios e as derrotas nunca vão acabar?". É nesse momento que você deve olhar para dentro de si mesmo e encontrar respostas verdadeiras e sinceras. Em momentos assim, respostas superficiais não fazem sentido. É preciso encontrar as respostas que não estão na sua mente, mas em seu coração.

Sem encontrar o verdadeiro propósito de vida, a verdade da conquista atingirá todas as glórias, e, ainda assim, você sentirá um vazio tremendo por dentro. Tudo não passará de satisfação momentânea.

Sem encontrar seu verdadeiro propósito, não suportará momentos difíceis em sua carreira, em seu trabalho ou até com seus familiares e pessoas queridas. Tudo parecerá irritante, e, quando menos esperar, você se tornará uma pessoa mal-humorada e de mal com a vida.

Nos Estados Unidos existe uma prova chamada Race Across America (RAAM), uma corrida cujo objetivo é atravessar o país de ponta a ponta. São 5 mil quilômetros em sete dias. O atleta Paulo Pontes, em seu livro Ciclismo no limite, conta que, se uma pessoa está no ciclismo a passeio, não vai conseguir suportar as horas intermináveis em cima do selim, as feridas provocadas, o cansaço, as dores nas costas. Mas, quando se está pelo esporte, identifica-se com aquilo de que gosta e tem um propósito, o sofrimento faz parte.

Ter um propósito de vida bem definido é a melhor maneira de superar momentos difíceis, mantendo a harmonia e a paz interior. Como já dizia Friedrich Nietzsche: "Aquele que tem uma razão para viver – o porquê – pode suportar quase todas as situações de vida – o como".

Seu propósito de vida não se resume a nascer, reproduzir e morrer. Existe grandeza em você. Acredito que nosso propósito de vida seja crescer, evoluir e criar felicidade para nós e para os outros. Se hoje você ainda não descobriu qual é seu propósito de vida, não se preocupe. Isso não significa que pode relaxar e deixar essa busca em segundo plano. Apenas tenha calma. Quando menos esperar, a borboleta do propósito pousará no seu ombro, e você terá certeza do que gostaria de fazer pelo resto de sua vida!

CUIDADO COM OS ASSASSINOS DE SONHOS

É horrível saber que, por mais que a gente se esforce e lute para realizar um sonho, existem pessoas que estarão jogando no time adversário, querendo sabotá-lo ou te atrasá-lo. Não deixe que ninguém roube seus sonhos. O mundo está cheio de assassinos de sonhos, pessoas mal-intencionadas que falham, fracassam e desejam que as demais se igualem a elas, para que se sintam bem.

Essas pessoas procuram meios para roubar sua energia, sua motivação e sua vontade. Quando você solicita uma opinião ou até mesmo uma informação, elas apontam falhas, fraquezas e erros. Há vezes em que esses assassinos são os próprios amigos ou familiares, e é preciso ter muita sabedoria para reconhecê-los e afastá-los; em outras será sua própria mente que fluirá pensamentos negativos cheios de crenças limitantes, o que vai gerar dúvida e incerteza. Blinde sua mente contra esse pensamento. Diga: "Eu nasci para vencer! E eu posso vencer!".

Assim como é importante identificar as pessoas que estão do seu lado, é fundamental identificar os assassinos de sonhos. Uma vez identificados, será possível prevenir-se e evitá-los. Confira os quatro tipos de assassino de sonhos e saiba como vencê-los.

Chamo o primeiro assassino de sonhos de "o sósia": são as pessoas mais próximas a você, as quais geralmente têm uma rotina de vida parecida com a sua, por exemplo, um colega da faculdade, um colega do trabalho, um amigo do grupo. São pessoas de seu círculo de amizade que desistiram de buscar a realização e tentam desanimá-lo. Provavelmente há muita gente assim do seu lado, pessoas que tentam desanimá-lo, falando para você se conformar com a derrota, contentar-se com a sua infelicidade e com o seu sonho não realizado.

Como vencer: por estar sempre perto de você, evite contar sobre seus planos ou sua vida particular e limite seu relacionamento apenas ao essencial. Com o tempo, "o sósia" vai perceber que você não gosta de expor sua vida particular e passará a respeitar seus sonhos.

O segundo assassino de sonho é "o desconhecido": são as pessoas que aparecem em sua vida num dia qualquer e fazem um juízo equivocado sobre você, por exemplo, pessoas que você conhece na fila do banco, em um ponto de ônibus, em uma reunião. Esse tipo de pessoa, mesmo sem conhecê-lo, quer dar opiniões e palpites sobre seus sonhos.

Como vencer: primeiro lembre-se de que dificilmente terá outra oportunidade de reencontrar a pessoa e que provavelmente ela apenas foi infeliz em seu julgamento sobre você. A melhor saída para esse tipo de pessoa é ignorá-lo.

O terceiro é o "familiar": são as pessoas dentro de seu círculo familiar, por exemplo, familiares, irmão ou irmã, pais, tios que duvidam de você e da sua capacidade. Elas querem sempre colocá-lo para baixo e estão sempre perguntando de projetos do passado que não deram certo. Em reuniões familiares, essas pessoas sentem prazer em expor sua vida e suas derrotas.

Como vencer: alguns familiares tem uma incrível necessidade de saber tudo sobre você. Querem saber o que faz, como faz e por que faz. Isso pode ser até natural. Então, para vencer esse tipo de assassino de sonhos, fale apenas o essencial. Mantenha seus sonhos em segredo e, quando eles descobrirem seus projetos, evite dar informações detalhadas ou aprofundadas. Em alguns casos, pode ser necessário se afastar por algum tempo das reuniões e das festinhas familiares.

E, por fim, o quarto assassino de sonhos é "a alma gêmea": trata-se daquela pessoa que você escolheu para viver ao seu lado, vocês dão superbem, mas ela não quer que você realize seus sonhos. Por mais que você a ame, não consegue entender como ela pode deixá-lo tão para baixo em relação a seus sonhos, sempre questionando-os e alertando sobre as dificuldades para realizá-los.

Como vencer: converse com a pessoa sobre quão importante é esse sonho para você e quanto está comprometido para que ele se realize. Convide sua alma gêmea a lhe ajudar e inclua-o em seus planos. Afinal, quando se tem uma alma gêmea, os sonhos devem ser compartilhados e sonhados juntos.

Não culpe nem brigue com as pessoas que não querem seu sucesso. Desencane de ficar querendo mostrar quanto você é bom no que faz e cuidado para não se tornar escravo de elogios. Liberte-se! Livre-se das pessoas que são especialistas em destruir sonhos. Não deixe que permaneçam em sua vida para pisar em seus sentimentos e jogá-lo na lama da frustração. Altere seu estado de espírito sobre si mesmo. Existe mais poder em você do que é capaz de acreditar. Se alguém lhe disser: "É impossível", diga dentro de si mesmo: "É possível" e mantenha-se em frente. Retire de seu caminho pessoas que não estão conectadas com seus planos. Não há tempo para mudar ninguém, e você não pode mudar nada, exceto o que é, e isso é um trabalho constante. A chave para desbloquear todas as possibilidades de viver uma vida plena está contigo.

Seja ousado! Para atingir o que sempre quis, você deve arriscar alto. E não se preocupe com o que os assassinos de sonhos dizem. Pense "grande". O sucesso é uma jornada para quem é ousado e corajoso! Confronte as dúvidas que possam surgir e não deixe que elas limitem suas decisões.

CAPÍTULO 5

Não confunda derrotas com fracasso nem vitórias com sucesso. Na vida de um campeão sempre haverá algumas derrotas, assim como na vida de um perdedor sempre haverá vitórias. A diferença é que, enquanto os campeões crescem nas derrotas, os perdedores se acomodam nas vitórias.

Roberto Shinyashiki

5

APRENDA COM AS DERROTAS

Sabe qual é o momento em que você deixa de realizar seus sonhos? Não é quando você é derrotado, mas quando se acostuma com as derrotas, quando se acostuma com a posição de fracassado e desiste! Derrotas sempre fizeram e sempre vão fazer parte do dia a dia de qualquer pessoa de sucesso.

No momento em que passamos pelas tribulações, é muito comum culpar as pessoas, as situações e até mesmo Deus. Mas a pergunta que sempre faço quando deparo com uma dificuldade, um problema ou uma derrota é: para que servem esses momentos em nossa vida? Meu pai sempre me dizia que Deus não coloca as dificuldades nem as derrotas em nossa vida para nos sacanear. As dificuldades são para que possamos aprender a enxergar além das adversidades e nos aperfeiçoar, e as derrotas, para que entendamos o verdadeiro sentido da humildade e da resiliência.

Não existe batalha grandiosa que seja fácil de vencer. Se você sonha alto e tem grandes objetivos na vida, prepare-se para lutas difíceis, para superar adversidades, para aguentar humilhações, falta de recursos, choros e dores. Ter resiliência em momentos de crise não é tarefa fácil. Ter a capacidade de recompor-se e adaptar-se às más fases ou às mudanças requer, além de necessidade de adaptação, muita paciência.

Entenda que às vezes passamos por situações difíceis que são frutos de erros que cometemos, as quais talvez pudéssemos ter evitado ou nos precavido. É nesse momento que a humildade vai nos ajudar a reconhecer nossa falha e nos mostrar que precisamos sempre melhorar.

A partir do momento que você se acha "o cara" que já sabe de tudo, passa a correr sérios riscos. Por isso ter humildade é fundamental na carreira e na vida. Dean Potter, astro internacional dos esportes radicais famoso por quebrar recordes nas alturas, morreu ao se chocar contra um paredão de pedras, no Parque Nacional de Yosemite, na Califórnia, Estados Unidos, durante um salto em queda livre com um amigo. Ele era tão confiante de suas capacidades que ultrapassou a linha tênue entre a segurança e a imprudência.

Hoje, nosso tempo exige que aprendamos rápido, e não apenas com os nossos erros. Feliz é aquele que tem a capacidade de aprender com os erros alheios, pois, assim, não desperdiça recursos importantes e necessários para a própria trajetória de vida.

A maioria dos erros e das derrotas provém de tentativas de acerto, mas mesmo nossos acertos também precisam ser avaliados. É comum haver, após os jogos de futebol, uma coletiva de imprensa com o técnico e alguns jogadores para discutir como foi a partida. Nesse momento, mesmo com a vitória, o técnico faz uma avaliação dos pontos fortes e discute os momentos em que houve falhas. Esse momento de reflexão é muito importante e produtivo, porque muito melhor que ganhar é saber o que deu certo e o que deu errado para continuar ganhando.

Em alguns momentos, você vai mirar algo pequeno e vai atingir algo muito maior. O que esquecemos é que, se miramos algo pequeno e, por algum motivo, obtemos como resultado algo muito maior, houve ali um erro. É claro que esse erro é deixado de lado, pois, afinal de contas, é um resultado muito maior. Porém, não devemos ignorar o fato de que o resultado foi diferente do planejado. É preciso avaliar os fatos e encontrar qual foi o ponto determinante para aquele resultado.

Errar, não avaliar nem corrigir os erros é uma maneira de frustrar seus sonhos.

OPORTUNIDADES ATÉ NOS ERROS

Todas as derrotas são oportunidades de crescimento disfarçadas. Um erro ou uma falha pode se transformar em um excelente momento para realinhar as estratégias e conhecer novos horizontes.

Caito Maia sabe bem disso. Criador da marca de óculos e acessórios Chilli Beans, ele teve um começo bem controverso. No início dos anos de 1990, Maia passou a viajar com frequência para os Estados Unidos levando consigo malas vazias e trazendo-as de volta repletas de óculos escuros, que eram revendidos no Brasil. Após várias viagens, todas bem-sucedidas, ele resolveu fundar a empresa atacadista Blue Velvet em 1994. Tudo parecia estar indo muito bem, mas, em razão de um erro grave em seu fluxo de caixa e mais dois calotes, ele teve de fechar as portas. Essa poderia ser mais uma história, entre as muitas que encontramos por aí, de insucesso empresarial, não fosse a capacidade de replanejamento e de motivação de Maia.

Como a Blue Velvet encerrou suas atividades e ficou com muita mercadoria em estoque, Maia resolveu vender os óculos restantes no varejo em feiras de moda. Montou um estande precário no Mercado Mundo Mix – evento itinerante dos anos 1990 para vender roupas e acessórios de novos estilistas. E foi assim que nasceu a Chilli Beans.

Veja como uma falha ou um erro pode se transformar em uma enorme porta para o sucesso. A marca começou a ser franqueada em 2001 e atualmente já conta com mais de 600 franquias, só em 2015 foram abertas mais de cem. Quase uma a cada três dias! O faturamento anual da Chilli Beans hoje ultrapassa a marca de R$ 500 milhões por ano. No mundo corporativo são inúmeros os exemplos de empresas que se expandiram após uma falha ou um erro.

A diferença das pessoas que chegaram ao seu sonho é a capacidade de ter resiliência para aprender com as derrotas e não se abater. O que não se deve fazer é ficar lamentando e murmurando. Se ficar assim, você sai da frequência da vitória. É preciso continuar sempre acreditando, motivado. Portanto, aquela mudança de planos que pareceu o fim transformou-se no início de uma linda história de sucesso, que poderá ser contada a milhares de pessoas.

OLHE PARA A SAÍDA DA CURVA

Algum tempo atrás assisti a um depoimento de um campeão de *motobike* falando sobre o início da carreira. Ele dizia que, quando começou, tinha muitas dificuldades em fazer as curvas para a esquerda. Ele caía muito, e isso fez com que perdesse várias provas e até mesmo campeonatos. E foi um treinador que viu o erro que ele cometia. Quando entrava na curva, ele fixava o olhar no obstáculo, e isso o fazia se desequilibrar e cair.

Todos os especialistas sabem que olhar para o chão ou para a curva pode ocasionar acidentes. Isso porque todas as vezes que você fixa os olhos na curva o cérebro não consegue raciocinar o que precisa ser feito para sair do problema.

Para aprender com as derrotas, é preciso olhar para a saída da curva. Quantas vezes estamos dentro de um problema e nos esquecemos de olhar para a saída? É realmente incrível quantas vezes nos desesperamos e ficamos frustrados por não conseguir sair de uma dificuldade. Por isso, mantenha os olhos fixos na vitória que está por vir.

Quando Clóvis José de Almeida, homem simples, sem estudo, que chegou a capinar terrenos para sobreviver, perdeu todas as suas economias no sequestro da poupança em 1990, promovido pelo governo do presidente Collor, viu-se no meio de um grande problema. Precisava sustentar a família e foi aí que decidiu alugar um carrinho térmico para vender picolés. Depois de algum tempo e graças à sua capacidade de resiliência, pôde montar uma pequena fábrica de picolés com sabores normais. Mas foi quando teve a ideia de transformar em picolé também os frutos do cerrado que brotavam na roça de casa que o negócio alavancou.

Atualmente a marca Frutos do Brasil possui uma sede administrativa e fábrica onde são produzidos uma média de 17 mil picolés e 1,2 mil litros de sorvete por dia.

A capacidade que Clóvis teve de manter o olhar fixo na saída da curva garantiu que se tornasse um empresário de sucesso com mais de 80 franquias espalhadas por todo o Brasil.

"Nós estamos estendendo isso ao Brasil todo e, se Deus permitir, levaremos ao mundo." Clóvis José de Almeida, fundador da Frutos do Brasil

Por mais que as curvas da vida o derrubem e por diversas vezes você se sinta na lama, lembre-se de olhar para a frente e ver seu futuro se concretizando.

PREPARE-SE PARA OS MELHORES MOMENTOS DA SUA VIDA

No último semestre da minha graduação em Administração, resolvi colocar em prática um trabalho de empreendedorismo, e, com uma colega de sala, decidi abrir um negócio em uma cidade no interior de Goiás.

Ao pesquisar a demanda local, ficamos convictos de que uma papelaria seria a melhor opção. Apesar de ser uma cidade com pouco mais de 12 mil habitantes, ali não tinha papelaria, e toda a demanda dos clientes era atendida pelos supermercados, que ofereciam poucas opções, e pelas cidades próximas.

Na época com 21 anos e minha colega com 22 anos, tínhamos pouco mais de R$ 7 mil em caixa para organizar nossa empresa. E, com esse valor, reformamos o local, compramos uma máquina para fazer cópias, as prateleiras e só! O dinheiro acabou! Mas conseguimos fazer uma ótima compra a prazo em um fornecedor.

O pensamento era o melhor possível, e tudo foi muito bem planejado. Tínhamos dados estatísticos, um plano de negócios bem elaborado, tudo para sermos bem-sucedidos. Mas, como tudo não é tão fácil como parece, houve uma greve nas escolas da cidade e a volta as aulas atrasou, fazendo com que todo meu planejamento financeiro fosse por água abaixo.

Durante quatro meses, fiquei me lamentando, preocupado, perdendo noites de sono. Senti que precisava agir, mas tudo o que fazia não era suficiente. Foi um dos momentos mais complicados por que passei. No fim do dia, eu tinha de contar o dinheiro do caixa e escolher qual dos fornecedores deveria pagar primeiro. Mas momentos de dificuldades e crises são passageiros, e, quando as aulas nas escolas voltaram, pude perceber que estava no caminho certo. Em um dia, vendemos grande parte do estoque.

O aprendizado que fica é que foram quatro meses de preparo para os melhores momentos da minha vida! O ciclo da vida é perfeito. Acostumar-se com as derrotas é dizer sim ao fracasso! Antes dos grandes triunfos, existem sempre as dores, as lágrimas e o medo. Mas é justamente assim, passando por esses momentos, que aprendemos quão forte somos.

Não se permita ser dominado pela escuridão do medo, rodeado pela negatividade, ou ceder ao desespero. Nada disso vai melhorar seus projetos ou sua vida. Não se dê permissão para sentir pena de si mesmo ou para desistir. E, caso esteja passando por dificuldades neste momento, comece agora a tomar medidas reais para mover a sua vida para a frente. Você pode fazer isso! Basta escolher fazer. Continue se esforçando, lutando e, acima de tudo, acreditando em si mesmo e em seu poder de realização.

Após um ano, decidi vender a papelaria por uma boa quantia e fundei a JS Treinamentos e Palestras, empresa em que atuo até hoje.

ESTEJA DISPOSTO A FAZER SEMPRE O SEU MELHOR

É preciso entender que não basta ter ótimos resultados uma ou duas vezes. Precisamos manter a regularidade pelo maior tempo possível. É por isso que acredito ser fundamental, para obter êxito em qualquer área, dedicar-se a fazer o melhor sempre. Fazer o melhor em tudo o que se propõe a fazer. As pessoas acostumaram-se a fazer apenas o suficiente para alcançar os pequenos resultados. Já me acostumei com alguns alunos que me procuram para saber a nota necessária para ter aprovação. Mas o que isso significa? Significa que, se esses alunos precisarem de pouca nota, não vão se dedicar a fazer o melhor, ou seja, vão estudar apenas o suficiente para atingir a média.

A média! Por algum tempo, na faculdade, fui um aluno mediano. Não era um mau aluno, apenas estava na média. Ou seja, estava na multidão. Chegava sempre no horário, mas saía mais cedo. Minhas notas eram suficientes apenas para conseguir a aprovação, e, quando um professor exigia um pouco mais de mim, logo ganhava o título de "carrasco".

No segundo ano da faculdade, após as apresentações de alguns trabalhos extremamente fracos, com conteúdo de pouca qualidade, um professor disse para a turma: "Não me incomoda ver que grande parte de meus alunos sequer estão ligando para o conteúdo. Sei que encontrarei muitos de vocês após o curso em posições fragilizadas, e alguns passarão o resto da vida caminhando em círculos. Pela minha experiência em sala de aula, posso enumerar nos dedos de uma mão as pessoas que vão ter sucesso na carreira."

Suas palavras entraram com uma flecha no meu coração. Naquele momento decidi e tive certeza de que eu não estaria entre os alunos medianos. Decidi que não queria mais fazer parte da média. E, como tudo é uma relação de troca, para me destacar, teria de aumentar radicalmente meu desempenho e minha capacidade de fazer sempre o melhor.

Todos têm a capacidade de fazer o melhor. Entenda que fazer o melhor não significa fazer algo extraordinário, mas fazer o máximo que consegue com as ferramentas ou as opções disponíveis no momento.

Quando assisti ao documentário Rogér100 Ceni, sobre os cem gols do goleiro Rogério Ceni, tive a certeza de que as oportunidades multiplicam-se para quem está disposto a se comprometer e se dedicar para fazer o melhor. Rogério Ceni é um goleiro que não está na média. Decidiu treinar cobranças de falta por brincadeira e, quando viu que poderia ajudar o time, começou a levar os treinos a sério, mesmo sendo goleiro reserva. Por muito tempo, ele era o último a sair do centro de treinamento, porque ficava horas treinando. Em uma entrevista, o jogador disse: "Eu chegava sempre antes dos demais e era o último a ir embora. Treinei muito. Eram de 2.500 a 3 mil faltas por mês. Antes de colocar em prática num jogo, treinei mais de 15 mil faltas".

Quando um goleiro vai bater uma falta ou um pênalti, corre um grande risco, pois só tem uma opção: o gol. Se errar ou der rebote, ele pode dar início a um contra-ataque e levar um gol do adversário.

Em 1997, o treinador o autorizou a bater falta, e o resultado todos sabemos qual foi.

"Sempre tem alguém te observando". Essa foi a frase que Rogério disse em seu documentário quando perguntado sobre como o técnico ficou sabendo que ele batia faltas maravilhosamente bem. Talvez a pessoa que vai lhe dar a oportunidade de sua vida o esteja observando, mas você ainda insiste em fazer apenas o necessário.

Não escolha a mediocridade. Apenas pessoas pobres de espírito acham que essa é uma boa opção. Mesmo fazendo um trabalho solitário, opte por fazer o melhor que pode, ainda que as pessoas digam que não é necessário que se dedique tanto. Esteja disposto a impressionar com seu trabalho, e, mais cedo ou mais tarde, a recompensa chegará. Isso é construir oportunidade.

É claro que ninguém é excelente em tudo, mas isso não pode se tornar desculpa para resultados medíocres. Fazer sempre o melhor não significa atingir a excelência em tudo o que faz. Trata-se de fazer o máximo que você pode fazer, dentro de suas condições e de suas limitações. Então, olhe-se no espelho e pergunte: "Eu estou sendo o meu melhor? Ou estou fingindo ser? Estou me enganando, tentando mostrar aos outros que sou bom e me esquecendo de que na verdade não estou focado em meu sucesso?".

Esse simples exercício, de se olhar no espelho todos os dias e fazer uma autoavaliação dos resultados e uma autocrítica de si mesmo, faz com que seu cérebro o mantenha na trajetória certa e desejada, como um GPS que o avisa todas as vezes que você sai da rota planejada. Tenha coragem de assumir suas verdadeiras respostas, seja sincero consigo mesmo e evite desculpas.

Todas as vezes que você dá uma desculpa, está aceitando a mediocridade.

CUIDADO COM OS ELOGIOS

O elogio pode ser um grande incentivador e motivador. É muito satisfatório receber elogios, ainda mais de pessoas próximas. Ficamos felizes em saber que outras pessoas gostam do que fazemos e de como fazemos. Mas, quando o elogio impede a humildade e a autoavaliação, passa a ser um fator de perigo na carreira ou na vida das pessoas.

Recentemente assisti a um vídeo em uma rede social em que o cantor estava completamente desafinado, mas nos comentários eram só elogios. Temos aí dois grandes problemas. O primeiro são os "amigos" que mentem para deixá-lo feliz; e o segundo é o mal que esses elogios vão fazer caso o cantor não faça uma autoavaliação ou não se preocupe em evoluir.

Quando iniciei minha carreira como palestrante em meados de 2010, era completamente sem noção. Não seguia um método, minhas ideias não seguiam uma linha de raciocínio lógica, mas, sempre no final das apresentações, alguém vinha agradecer e dizer que foi maravilhoso. Esses elogios me fizeram muito mal. Pois, mesmo cheio de erros, permaneci acreditando que eu era o máximo e nada precisava mudar. Cheguei a ponto de questionar diversas vezes: "Ora, sou tão bom, mas não consigo decolar". Fazia diversas comparações com outros palestrantes consagrados e me achava à altura do sucesso deles.

Após dois anos realizando um trabalho sem grandes resultados, decidi investir na minha carreira. Fui fazer um curso específico para palestrantes e voltei de lá com vergonha do meu material e do que apresentava aos meus clientes. Aprendi técnicas que desconhecia, organizei minhas apresentações e percebi quanto os elogios das pessoas me fizeram mal.

Um elogio verdadeiro é importante e necessário, pois é um grande fator motivacional. Porém, uma crítica proferida no momento certo e do jeito certo tem o poder de transformar a vida de uma pessoa. Mantenha sempre os pés no chão, acredite sempre em sua fantástica capacidade de evoluir e sempre melhorar seus resultados. Se você está satisfeito hoje com os resultados que tem obtido, lembre-se de que eles podem melhorar e lhe dar muito mais frutos.

É fato que ouvir elogios é muito mais fácil do que ouvir críticas. Elogios são como músicas calmas aos nossos ouvidos, enquanto críticas são como sons altos e sem sintonia. E isso incomoda. Mas, sem esse incômodo, você vai acreditar que nada mais precisa ser alterado e vai se tornar uma pessoa arrogante. E pessoas arrogantes não conseguem ouvir a discordância nem conseguem crescer. Somos naturalmente seres arrogantes, e isso nos faz ter a sensação de que estamos prontos, mesmo quando não estamos.

Uma das fases mais perigosas da vida é a adolescência, pois nesse momento nos tornamos muito arrogantes. Achamos que tudo podemos e que já sabemos de tudo. Preferimos os elogios de nossos colegas adolescentes às críticas sábias de nossos pais. Mario Sergio Cortella diz que "Arrogância é um perigo porque ela altera inclusive a nossa capacidade de aprender com o outro, de entrar em sintonia".

Ouvi de um amigo a seguinte frase. "Ninguém tem nada a ver com minha vida. Quem paga minhas contas sou eu". Essa frase está corretíssima! Ninguém tem nada a ver com sua vida. Sua vida é você quem faz, é você quem decide, é você quem arca com os bônus e com os ônus. Mas o maior problema das pessoas é acreditar que estão presas em uma bolha de razão. Quando criticadas, seus ouvidos se fecham e começam a procurar meios para se defender. A esse respeito, um escritor estadunidense chamado Norman Vicente escreveu: "O mal de quase todos nós é que preferimos ser arruinados pelo elogio a ser salvos pela crítica".

No final de 2014, fiz uma apresentação a um colega, e ele foi duro comigo. Fez inúmeras críticas e me deixou muito irritado. Como é difícil ouvir críticas. Ter humildade é ter a difícil capacidade de olhar para si e assumir os próprios defeitos. Eu fiquei anestesiado durante alguns dias, mas com a ajuda desse colega, que se tornou um amigo, dei um salto de qualidade em minhas apresentações. Hoje valorizo os elogios e aprendi a perceber quando são sinceros e verdadeiros, mas dou também muito valor às críticas construtivas. Elogios acomodam, ao passo que as críticas o impulsionam a melhorar.

Experimente ter alguém de confiança para ajudá-lo a crescer. Eleja um amigo, um professor ou até seus pais para ser o que chamo de "construtor do sucesso". Dê a eles a liberdade de falar sobre sua carreira ou seu negócio quando achar que deve. Tenho convicção de que uma carreira não é feita apenas de elogios, mas da capacidade de filtrar as críticas e melhorar sempre.

CAPÍTULO 6

"O homem não teria alcançado o possível se, repetidas vezes, não tivesse tentado o impossível."
Max Weber

6

O PODER DA PERSISTÊNCIA

Em sua caminhada rumo à vitória, você vai enfrentar muitas dificuldades, terá momentos em que não vai saber o que fazer. Mas, se você quer que coisas ruins parem de acontecer em sua vida de uma vez por todas, tem de estar disposto a fazer coisas diferentes daquilo que vem fazendo. Se você se importa verdadeiramente com seus sonhos, empenhe toda sua energia, dê todo seu sossego, seu sono e seu tempo para isso. Nem mesmo a dor, o frio, nem toda dificuldade no seu corpo ou na sua mente poderão afastá-lo de seus sonhos.

Quando decidimos iniciar a prática de uma atividade física na academia, o professor, após uma avaliação física, passa uma série de exercícios e o número de repetições, por exemplo, três séries de 12 repetições.

Mas o que ocorre é que, quando chega a décima repetição, o músculo já está cansado e doendo. E é nesse momento que muitas pessoas param, e, consequentemente, o resultado não acontece. Poucos sabem que é justamente nas duas últimas repetições que acontece o resultado. É quando o músculo já está fatigado e doendo, quando você faz as últimas repetições sentindo dor, que ocorre a mágica. No momento da dor, você está rasgando as fibras musculares, e é o processo de reconstrução delas que vai gerar o ganho de massa magra, a hipertrofia.

Talvez daí tenha saído a frase "*No pain, no gain*" (sem dor, sem ganho) tão utilizada entre os atletas. Não haverá vitória sem dores. Persistir é dizer ao seu corpo que está disposto a sentir mais dores. Porém, você já parou para pensar que os resultados que espera em sua vida talvez estejam justamente nas duas últimas repetições, no 20% a mais?

Entristeço-me de ver pessoas abandonando seus sonhos por motivos banais. Quando me encontro com pessoas que compartilham seus sonhos comigo, gosto de fazer uma pergunta reflexiva: "O que falta para que você realize seus sonhos?".

As respostas quase sempre estão ligadas a fatores financeiros. Ora, se dinheiro fosse o fator predominante, o sucesso pertenceria às pessoas que, por sorte, nasceram em berço de ouro. Sim, eu compreendo que ele representa uma vantagem na sua caminhada rumo aos objetivos. Mas, se hoje lhe falta dinheiro, procure alternativas. Será que não lhe falta coragem para ousar? Criatividade para criar?

Conheço alguns amigos que foram para fora do país em busca de sucesso financeiro. Abandonaram a profissão, a família, as baladas, para viver alguns anos trabalhando quase 18 horas como servente de pedreiro, babá, lixeiro. Não existe nada de errado em trabalhar nessas profissões. Acontece que fora do país tiveram de "descer do salto", colocar a humildade no rosto e aceitar trabalhar sem perder o foco, economizando e suportando até mesmo humilhações.

E sabe o que eu mais ouvi dos familiares que ficaram? Se trabalhassem dessa forma aqui no Brasil, não precisariam se aventurar em outro país. Eu concordo que é muito mais fácil encontrar desculpas em vez de soluções. Mas desculpas não o levarão ao sucesso. Portanto, talvez esteja na hora de traçar melhor seus planos, reorganizar sua vida e voltar a sonhar!

A vida não é uma corrida de 100 metros. A vida é uma maratona, e nela mais importante que correr é você manter a regularidade na corrida. Não importa quem chega mais rápido. O objetivo é ir até o fim e receber sua medalha. O maior segredo para se dar bem e fazer acontecer é a persistência. Você tem de nutrir todos os dias sua autoconfiança e sua autoestima, pois, se em algum momento perder tudo, mas as mantiver, você conseguirá recuperar tudo.

A ORDEM DO SUCESSO

Ter sucesso também é uma questão de escolha. O sucesso não vem por acaso, mas é resultado de uma série de ações conjuntas, muitas delas realizadas nos bastidores, onde ninguém vê.

Certa vez perguntaram ao lutador de MMA Anderson Silva qual era o segredo para permanecer tanto tempo com o cinturão. Ele respondeu: "Quando subo no octógono, as pessoas veem o Anderson Silva pronto. Mas esquecem que por trás existe um trabalho de treinamento duro e pesado, profissionais especializados, nutricionista, médicos e fisioterapeutas. Tudo para que minha performance em cima do octógono seja perfeita".

O sucesso constrói-se nos bastidores, nas madrugadas de planejamento, nas horas de estudo e de aprimoramento. Quando vemos uma bailarina se apresentar, com toda a suavidade e doçura, achamos que é fácil se equilibrar nas pontas dos pés. Mas ela treina horas e horas a mesma coreografia, para que, quando se apresente, tudo pareça tão simples e fácil. Você estará no nível de excelência quando o que você faz parece ser fácil para as outras pessoas.

Existe uma ordem natural para que tudo aconteça, e, antes do resultado final, há muita dedicação pessoal. Mas lembre-se de que se esforçar ao máximo não lhe garante a vitória e que fracasso não é o oposto de sucesso.

Se apenas esforço e dedicação trouxesse a vitória, teríamos encontrado o segredo. Às vezes a vitória não vem, o resultado não acontece, e é aí que você precisa entender que o fracasso é apenas o primeiro passo para o sucesso.

Quando o fracasso acontece mesmo nos dedicando integralmente, ele nos frustra e nos deixa magoados, mas a consciência tranquila de ter feito o melhor garante que nosso espírito não desanime e permaneça forte. Entretanto, quando fracassamos sem ter feito um bom trabalho, nos julgamos incapazes, frágeis e limitados.

SUCESSO É MANDIOCA

Deve-se tomar muito cuidado com o que a mídia informa sobre o sucesso. Geralmente ela iguala o sucesso às conquistas financeiras. E as pessoas que não conseguem entender o que é o verdadeiro significado dessa palavra sentem-se tristes e frustradas.

Na verdade, sucesso é o êxito positivo após o desempenho de uma atividade. Vejamos: um jovem dedica-se durante meses a fim de passar no vestibular; ao alcançar sua meta, sucesso! Um pai de família trabalha arduamente todo o mês para receber um salário; ao receber o pagamento, sucesso! Uma empresa decide alavancar suas vendas para superar os índices do ano anterior; ao atingir as métricas de desempenho, sucesso!

Portanto, a vida é um conjunto de sucessos diários. Seja qual for o sucesso que você busca, deve entender que ele não cai do céu. Quando criança, morei em uma fazenda no interior de Goiás. Minha maior diversão era pegar as frutas fresquinhas direto do pé. Para isso tentávamos de tudo. Para pegar manga, às vezes eu subia no pé e balançava os galhos; outras vezes jogava uma pedra e a fruta caía. Mas, se quisesse pegar manga madura, bastava esperar ela cair do céu. Sucesso não é manga. Não basta esperar, ele não vai cair do céu.

Aprendi cedo que o sucesso assemelha-se a um pé de mandioca. A mandioca fica por baixo da terra, suas raízes são profundas e fortes, e para serem arrancadas é necessário força, jeito e cuidado. Para colher mandioca, você geralmente se suja e, por fazer força, também sua e cansa. E, o pior, cada pé de mandioca é uma incógnita, pois você nunca sabe o tamanho das raízes. Assim é o sucesso. Sucesso é mandioca. Para atingi-lo, é necessário fazer força, suar, cansar. Por mais que tenhamos tudo planejado e seguido todos os passos, não sabemos se realmente vai dar certo.

A única certeza que temos, principalmente em tempos de crises e dificuldades, é que o sucesso não vai bater à sua porta. Então, arranque o sucesso que tanto deseja. Hoje é um ótimo dia para ousar em sua vida, sua saúde, sua carreira ou seu relacionamento. Encare esse dia com coragem, fé e atitude. Trabalhe para o seu próprio sucesso.

MANTENHA-SE FIEL ÀS PRÓPRIAS CONVICÇÕES

Se, dentro de si, você acredita que pode realizar algo, vá lá e faça! Eu também confio em você. Mas você tem de ser a primeira pessoa a acreditar que isso pode acontecer. Não busque fazer algo de que não gosta apenas porque isso lhe dará dinheiro. Se fizer isso, terá uma conta bancária farta, mas um coração vazio. O dinheiro deve ser sempre uma consequência, uma recompensa por algo que se faz muito bem.

Se as pessoas dizem que o que você faz ou a área que escolheu profissionalmente não tem futuro, saiba que muitas pessoas de sucesso já ouviram isso também.

Thomas Edison foi chamado de teimoso. No final da década de 1870, era considerado o "tolo de Nova Jersey". Edison durante muito tempo focou todos os seus esforços para um dos objetivos mais incertos da ciência moderna: desenvolver a lâmpada incandescente. Seus críticos diziam ser "um fracasso completo, merecido e vergonhoso". Além dos incrédulos, Edison ainda teve de enfrentar os especialistas em saúde da época, que afirmavam que a eletricidade era extremamente perigosa e que a exposição à luz poderia causar doenças oculares, colapsos nervosos e, o pior de tudo, sardas na pele!

Em 1879, Thomas Edison abriu as portas de sua oficina para mostrar ao mundo o protótipo de sua lâmpada elétrica incandescente. E, se você acha que depois disso ele seria respeitado, está enganado.

Thomas Edison foi chamado de vigarista e impostor e o desafiaram a provar que sua lâmpada poderia de fato iluminar um ambiente maior.

E isso aconteceu, mas pelas mãos de Charles Brush, que reuniu 23 lâmpadas de arco voltaico em postes de 15 metros em uma pequena extensão na Broadway, entre a Union e a Madison Square, em Nova York, em uma noite fria de dezembro de 1880. Quando as lâmpadas acenderam, causaram grande espanto nas pessoas. Algumas usavam o guarda-chuva para se proteger, e outras reclamavam das sombras de aparência fantasmagórica.

Tanto Edison como Brush demonstraram uma incrível capacidade de acreditar em si mesmos e de se manterem fiéis às próprias convicções. Temos a necessidade de provar às pessoas que podemos fazer algo ou que aquilo que fazemos pode, sim, ter sucesso. Você não precisa provar nada a ninguém! Você precisa provar a si mesmo! Uma das coisas que aprendi quando comecei a praticar corrida de rua é que durante uma prova você não está disputando com os outros competidores, mas, sim, consigo mesmo. Cada prova é um desafio cujo maior inimigo é o tempo. Reduzir 45 segundos em uma prova de 5 quilômetros é uma grande vitória.

Você não precisa mostrar aos outros quanto é bom em determinada coisa. Precisa mostrar a si mesmo quanto pode realizar e quanto pode vencer! E sabe por que muitas vezes as pessoas que estão ao nosso lado nos chamam de malucos quando decidimos empreender em nossos sonhos? Porque ver as coisas de maneira não convencional, acreditando no poder de concretização, é desafiador. Nicolau Maquiavel, em seu livro O príncipe, abordou essa questão. "Nada é mais difícil de executar, mais duvidoso de ter êxito ou mais perigoso de lidar do que dar início a uma nova ordem nas coisas". O que o pensador italiano quis dizer é que iniciar um projeto ou fazer uma ideia funcionar é algo que vai gerar desconforto e dúvida. E isso incomoda as pessoas.

O desconforto acontece porque estamos entrando em uma zona desconhecida, e, enquanto não ocorre o reconhecimento e nosso organismo não se acostuma com a situação, o medo gera essa sensação ruim.

Você será feliz quando se mantiver inerte às dúvidas alheias e acreditar que pode ser feliz e bem-sucedido no que faz. Não pare agora! Continue trabalhando em seu desenvolvimento intelectual e pessoal e em seu sonho. Você é o responsável por sua própria vida e pela criação de seu caminho. Comprometa-se a parar de procrastinar e de esperar a oportunidade de ouro.

As grandes realizações levam tempo e demandam esforço e sacrifício. Persista procurando sempre avançar e visualizando mentalmente seus objetivos finais.

ENTENDA O TEMPO DAS COISAS

Quando estudamos, nos dedicamos e nos empenhamos em um novo projeto, é normal sentir a ansiedade por um resultado negativo. Queremos receber os aplausos, comemorar com os amigos, desfrutar os benefícios. E é frustrante quando aquele resultado tão esperado não vem. Isso já aconteceu comigo diversas vezes e continua acontecendo.

Talvez um de meus maiores defeitos seja o imediatismo. Quero resultados rápidos a todo instante. E, quando eles não acontecem, fico triste e me culpo. Estou aprendendo a me controlar e acredito que você também deveria se acalmar um pouco.

Conta-se que uma jovem percorreu todo o Japão a fim de encontrar o melhor professor de artes marciais. Após uma árdua procura, finalmente encontrou o professor mais famoso e conseguiu uma entrevista com ele.

— Professor, quero ser a número um do país. Quanto tempo levarei? – perguntou.

— Dez anos.

— Dez anos é muito tempo. Tenho pressa. – respondeu a garota. — E se eu treinar dia e noite, quanto tempo demoraria?

— Nesse caso, você levará 20 anos.

O imediatismo é a pedra no sapato de qualquer pessoa que esteja em busca de resultados positivos e duradouros. Existe tempo para plantar e tempo para colher. Tentar modificar a ordem cronológica não funciona.

No momento que vivemos, em que tudo se transforma muito rapidamente, a frase "tempo é dinheiro" está sendo tão bem aplicada como nunca foi. Um dia sem fazer negócios pode significar uma queda relativamente grande nas vendas do fim do mês. Jovens de 18 a 20 anos já são cobrados como adultos, principalmente em relação aos estudos e à carreira que vão seguir. Pessoas na faixa dos 30 anos são cobradas por não estar com a vida financeira estável. Quando se chega aos 40 anos, é o mercado que olha de maneira discriminatória, como se dissesse: "Seu tempo está acabando...". Nessa pressa por resultados, as pessoas não dão importância ao planejamento nem constroem uma base sólida.

Quando comecei a construir minha casa atual, pude perceber que quase um terço do tempo necessário para a conclusão da obra é gasto no fundamento, ou seja, no alicerce da casa. Por mais que você queira adiantar esse processo, não consegue, pois o alicerce necessita de tempo para "maturar". O que quero dizer é que tudo tem seu tempo, sua hora e seu momento. Quando olho para meu passado e analiso situações em que não obtive êxito, eu me pergunto: "Será que estava realmente preparado naquele momento?". A resposta é não!

Quando não estamos preparados para um resultado, ele se torna frágil, e o risco de perdê-lo é enorme. Veja a carreira de alguns cantores de uma música só. São pessoas que fazem uma música que estoura na mídia, mas, como a carreira não está bem fundamentada, ficam alguns meses na mídia e simplesmente desaparecem. Não há mal algum em querer resultados rápidos. Mas isso se torna um problema quando você não tem como sustentá-los.

Na década de 1960, o psicólogo e professor da Universidade de Stanford Walter Mischel realizou um experimento que ficou mundialmente conhecido como "experimento do marshmallow". No teste o professor submeteu algumas crianças a receber um marshmallow como recompensa imediata. Porém, se elas não comessem o doce durante 15 minutos, momento em que o professor se ausentava da sala, seriam recompensadas com mais um marshmallow. Em estudo de acompanhamento, os pesquisadores descobriram que as crianças que foram capazes de esperar os 15 minutos em troca da recompensa maior apresentaram melhores resultados ao longo da vida e já na adolescência demonstravam ser socialmente mais competentes, otimistas, equilibrados, flexíveis, autoconfiantes, determinados e capacitados a superar com mais facilidade os traumas e as dificuldades da vida.

A paciência e a persistência são duas palavras que devem andar próximas. Conta-se que o bambu chinês, após ser plantado, demora cerca de cinco anos para começar a crescer acima do solo. Mas durante todo esse tempo ele se desenvolve sob o solo. Todo o seu crescimento é subterrâneo. Ao final do quinto ano, porém, ele cresce até atingir a altura de 25 metros.

Em diversas ocasiões, trabalhamos pesado, investimos tempo, energia e esforço, e, às vezes, nenhum resultado aparece. E assim permanece por vários dias, semanas, meses, até anos. Mas, se tiver paciência e persistência e continuar nutrindo sua motivação e sua confiança, seu quinto ano vai chegar e com ele os resultados que tanto esperou. Lembre-se sempre de que é necessária muita coragem para chegar às alturas, mas, ao mesmo tempo, também é preciso muita profundidade para se agarrar ao chão.

Haverá momentos em sua vida em que você terá de adiar a satisfação imediata para receber algo muito maior lá na frente. Isso vai parecer difícil e doloroso, mas a recompensa será muito gratificante. Seja paciente, mesmo se não tiver nenhum centavo no banco, se perdeu seu emprego ou seu dinheiro. Seja paciente. Não se julgue com base no que você não tem. O que tem é suficiente. Deus nos deu todas as habilidades que precisamos para vencer. Acredite em si mesmo e em um poder maior do que você. Seja paciente, siga em frente, e as coisas vão funcionar.

CAPÍTULO 7

"Estou convencido das minhas próprias limitações – e esta convicção é minha força."

Mahatma Gandhi

7

ELIMINE OS MUROS INTERIORES

Muros interiores são bloqueios que só servem para impedir que você alcance seus objetivos. Isso é um problema muito mais comum do que imagina. Trata-se de crenças que bloqueiam de forma inconsciente e limitam nossas ações. Imagine uma criança que cresça ouvindo de seus pais que é pobre e que pobre não tem direito ao sucesso. Essa afirmação transforma-se em um muro interior quando ela deixa de lutar por seu sucesso por acreditar que é pobre e, portanto, não tem direito a ele!

Muros interiores geram grande conflito cerebral, pois, ao mesmo tempo que queremos realizar algo, nos sentimos limitados e fracos, sem forças e sem as habilidades necessárias. Embora destruir os muros interiores não seja tarefa fácil, esse deve ser seu maior desafio diário.

Durante alguns anos acreditei que meu destino havia sido traçado no momento em que nasci. Sempre que não conseguia realizar alguma coisa, dizia a mim mesmo: "Não nasci para fazer isso" ou "Meu destino não é fazer isso". Essas afirmações passaram, então, a serem desculpas para resultados medíocres. No entanto, o que eu estava fazendo era deixar meus muros interiores cada vez mais altos e fortes.

Mais tarde, depois de estudar conceitos do desenvolvimento humano, descobri que meus pensamentos estavam bloqueando minha capacidade de entrar em ação e, assim, gerar resultados.

A maioria dos muros interiores é formada a partir de nossas experiências negativas, momentos que não foram agradáveis, situações que o deixaram constrangido. Se uma pessoa, ao fazer uma apresentação para um pequeno público, for vaiada e não conseguir gerir suas emoções, pode desenvolver uma enorme barreira limitante e jamais falar em público novamente.

Os muros interiores são, portanto, construídos quando suas crenças ou aquilo em que acredita limita suas ações.

Quando criança, meus pais me matricularam em uma escola de judô. Lá pude aprender alguns movimentos e me apaixonei pelo esporte. Lembro que naquela época, para mostrar que no judô não é o mais forte quem vence, meu mestre contou uma incrível história de superação.

Dizia ele que um garoto de 10 anos decidiu praticar judô apesar de ter perdido o braço esquerdo em um terrível acidente de carro. Disposto a enfrentar as dificuldades e suas limitações, começou a ter lições com um velho mestre japonês.

O menino ia bem, mas não entendia por que, após três meses de treinamento, o mestre só tinha lhe ensinado um único movimento. O garoto então perguntou:

— Mestre, não devo aprender mais movimentos?

O mestre respondeu calmamente e com convicção:

— Esse é realmente o único movimento que você sabe. Mas esse é o único que precisa saber.

Sem entender, o garoto continuou a treinar incansavelmente, acreditando em seu mestre. Meses mais tarde, o mestre inscreveu o menino em seu primeiro torneio.

Surpreendentemente, o menino ganhou facilmente seus dois primeiros combates. O terceiro revelou-se um pouco mais difícil, mas, depois de algum tempo, o adversário tornou-se impaciente e agitado. Foi, então, que o menino usou seu único movimento e ganhou mais uma luta.

Espantado ainda com seu sucesso, o menino estava agora na final do torneio, mas dessa vez o oponente era bem maior, mais forte e mais experiente.

Preocupados com a possibilidade de o garoto se machucar, cogitaram cancelar a luta. Foi quando o mestre interveio e disse:

— De forma alguma. Deixe-o continuar.

Assim, o garoto, usando os ensinamentos do mestre, subiu no tatame para a luta e, quando teve oportunidade, usou seu movimento para prender o adversário e venceu o torneio.

Mais tarde, em casa, o menino e o mestre reviram cada movimento em cada luta, e então o menino criou coragem e perguntou:

— Mestre, como consegui ganhar o torneio somente com um movimento?

Você ganhou por duas razões: em primeiro lugar, você dominou um dos golpes mais difíceis do judô; em segundo, a única defesa conhecida para esse movimento é seu oponente agarrar seu braço esquerdo.

A maior fraqueza do menino tinha se transformado em sua maior força.

Podemos destacar algumas atitudes que fizeram desse garoto um campeão. A coragem de se superar, a disciplina para seguir as ordens de seu mestre e, principalmente, a capacidade de acreditar em si mesmo e não construir muros limitantes em razão de sua deficiência.

Em alguns momentos, somos tomados por um medo quase absoluto, e pensamos tão somente em nossas limitações. Pensamos no dinheiro que não temos, nas habilidades que nos faltam, culpamos Deus, a vida, enfim...

Cada um de nós nasce com um único propósito: vencer! Mesmo com suas limitações ou seus problemas, você pode, sim, ser o campeão com que sempre sonhou. Limitações são criadas apenas por nossa mente.

Nos Jogos Olímpicos de 2008 em Pequim, os atletas da natação usavam um supermaiô, uma vestimenta que imitava a pele do peixe. Com essa roupa especial, o atleta, ao mergulhar, deslizava com mais facilidade na água. Isso fez inúmeros recordes serem quebrados.

Ao final da competição, o Comitê Olímpico baniu e proibiu o uso da roupa. A imprensa naquele momento chegou a afirmar que, a partir de então, não haveria mais quebra de recordes.

Bastaram apenas 11 meses e 15 dias para que uma equipe atingisse o primeiro recorde. E de lá para cá vários outros foram quebrados.

Todas as vezes que você bloquear ou amarrar seu "eu" interior estará matando e sufocando talvez sua única chance de viver a vida que tanto sonhou. Você já tem tudo que precisa para alcançar o sucesso. Não deixe que o medo de falhar ou de passar por uma experiência negativa limite suas conquistas.

Você pode mudar sua história por meio de suas crenças. Livre-se dos pensamentos tóxicos que contaminam sua vontade de vencer e explore todo o potencial que existe dentro de você.

MAIS AÇÃO, MENOS PREOCUPAÇÃO

Conversando com um amigo, ele me confidenciou que já está há três anos se preparando para abrir um empreendimento. Já está tudo planejado, tudo organizado, mas ele ainda está esperando o momento certo.

Ele dizia que sempre acontece algo que inviabiliza a abertura. Enquanto isso, o tempo vai passando, e ele vai procrastinando. É claro que todo negócio, empreendimento ou decisão deve ser bem planejado para que não ocorram falhas na execução, mas de nada adianta estudar muito, treinar muito, se preparar muito e não colocar nada em prática.

É como se alguém quisesse ser um grande nadador e, para isso, assistisse a vídeos de grandes atletas olímpicos, lesse vários livros, decidisse construir uma piscina para treinos no quintal de casa, comprasse equipamentos, contratasse um *coach*, mas não entrasse na piscina. Sem ação, nada acontece.

É muito comum encontrar pessoas nessas condições. Há muita iniciativa e pouca "acabativa". Existe um muro dentro de você que precisa ser derrubado imediatamente: o muro da preocupação. Existem momentos em nossa vida em que temos de parar de sofrer por antecipação e nos preocupar menos com as consequências de algo que fazemos. Pare de se preocupar com o que os outros vão achar e aja mais na direção de seu sonho. Se você verdadeiramente acredita nele e está 100% comprometido, nada vai lhe tirar a glória da realização.

CONHEÇA SUAS FRAQUEZAS

O que você considera ser sua maior fraqueza? Quando tiver identificado uma fraqueza em sua vida, você terá descoberto um caminho poderoso para o autodesenvolvimento. Pense nisso!

Se você trabalhar apenas seus pontos positivos e suas forças, pode até obter algumas melhorias em seu desempenho, entretanto, quando focar em seus esforços para superar uma fraqueza especial, os resultados podem se tornar extraordinários.

Imagine um vendedor que, além de profundo conhecedor de seus produtos, é ótimo negociador, muito bom com as pessoas, muito bem qualificado no fechamento de vendas, mas tem dificuldade em gerir seu tempo e está sempre atrasado para seus compromissos. Essa fraqueza pode restringir severamente a eficácia de todos os seus outros pontos fortes, uma vez que o cliente não tolera atrasos. No entanto, se ele se desenvolver, se capacitar e aprender a gerir melhor seu tempo, transformará sua maior fraqueza em um ponto positivo, o que vai causar grande impacto em seu desempenho.

Responda às perguntas a seguir procurando ser o mais sincero e fiel às suas verdades. Lembre-se de que mais importante que querer se superar é conhecer seus pontos fracos e criar estratégias para eliminá-los.

Qual é o meu maior medo?

____

____

____

Quais são meus maiores defeitos?

Qual é a minha maior fraqueza?

Quais serão minhas próximas ações para minimizar minhas fraquezas?

DNA DA VITÓRIA

Todos nascemos com o DNA da vitória em nossas células. Quando criança, somos livres e tudo podemos, sonhamos com situações irreais e acreditamos que é possível ser aquilo que desejarmos. Basta um lençol amarrado no pescoço para ganhar poderes de super-homem ou um vestido velho para se tornar a Cinderela. O espírito guerreiro é enorme. Porém, à medida que crescemos, vamos perdendo a capacidade de acreditar em nós mesmos. Nossos poderes acabam, e a realidade mostra um mundo cheio de regras e limites.

Não pode isso, não pode aquilo, isso não é para você. Ah, se pudéssemos crescer e continuar com a mesma capacidade de imaginar e de sonhar... Mas por que não podemos?

Certa vez comprei um jogo da memória para minha

filha, que na época tinha apenas 3 anos. Enquanto eu lhe ensinava as regras do jogo, iniciamos uma disputa para saber quem encontrava o maior número de pares de imagens. Depois de algumas rodadas em que só eu ganhei (sim, sou muito competitivo), falei:

— Filhinha, papai está cansado, amanhã a gente brinca mais.

Nesse momento, ela disse uma das frases mais lindas que uma pessoa de sucesso pode dizer:

— Mas, papai, eu ainda não ganhei. Quando eu ganhar, a gente para!

Essas palavras tocaram profundamente meu coração. Respirei fundo, dei um abraço carinhoso na minha filha e a parabenizei por ter me ensinado algo tão poderoso naquele dia.

Percebi que não são nossos poderes de super-heróis que desaparecem quando crescemos. Muitas vezes é nossa capacidade de enfrentar os desafios que diminui. Portanto, se você ainda não ganhou, é porque não chegou a hora de parar! Para o verdadeiro campeão, sonhar é só o começo. O objetivo final deve ser sempre ver o sonho concretizado.

Mantenha-se forte e sonhador. Embora a competição seja difícil, mantenha sua vibração e sua energia por onde for. Existe grandeza em seu DNA. Deus não o fez uma pessoa qualquer. Ele o fez um ser especial, capaz de vencer. Todo dia você tem uma nova oportunidade de desenvolver suas ideias para alcançar novas metas e conquistar novas vitórias. Persiga seu sonho como se fosse o último trem da estação. Vá atrás dele!

CAPÍTULO 8

"Felicidade é a certeza de que a nossa vida não está se passando inutilmente."

Erico Verissimo

8

O QUE REALMENTE IMPORTA

Por onde passo e às pessoas com quem converso sempre digo, que o que realmente importa é ser feliz. Ser feliz no que faz, ser feliz em sua profissão, em sua família ou em sua empresa. Mas as pessoas estão em uma louca e desenfreada busca pela felicidade e sequer sabem definir o que ela é. Ou seja, estão buscando algo sem saber o que realmente querem encontrar. Como diz o escritor francês Voltaire: "Os homens que procuram a felicidade são como os embriagados que não conseguem encontrar a própria casa, apesar de saberem que a têm".

A busca da felicidade é o combustível que nos move. É ela que nos motiva a acordar, estudar, trabalhar, juntar dinheiro, casar, separar, brigar, constituir uma família, enfim... Tudo! É a felicidade que convence nosso cérebro de que essas conquistas são a coisa mais importante do mundo e nos dá ânimo para lutar por elas.

Porém, existem dois erros comuns quando falamos

sobre ser feliz. O primeiro é acreditar que a felicidade está em algo que podemos adquirir ou comprar. A TV, os jornais, as propagandas e as revistas de famosos nos sugerem que, para ser feliz, é necessário ter um carro zero quilômetro ou uma casa com vista para a praia.

As pessoas, então, começam a falar: "No dia em que eu conseguir comprar tal coisa, vou ser feliz". Depois de muito trabalho, você consegue comprá-la e percebe que o desejo de adquirir outra coisa passa novamente a tomar conta de você. Ou seja, a alegria de comprar um bem não dura mais que um mês. Dessa forma, a frase "dinheiro não traz felicidade" torna-se verdadeira. O dinheiro, os bens e as posses podem proporcionar alegrias e momentos de diversão. Mas a felicidade depende muito mais do que temos em nossa consciência do que da quantia em nossa conta bancária ou do limite do cartão de crédito.

Aquele que busca a felicidade condicionada à realização de uma meta vive como uma pessoa em uma ilha deserta à espera do resgate que nunca chegará.

Outro erro comum é acreditar que a felicidade dura para sempre. Estar feliz não é um estado permanente, a felicidade ocorre em raros momentos. Trata-se de um estado de espírito que é atingido por meio de várias ações. Buscar a felicidade plena e constante também pode ser um perigo, uma vez que a satisfação nos coloca em uma bolha de conformidade, e o desejo de buscar novas coisas desaparece. A insatisfação é a mãe da evolução. Uma vez insatisfeitos, buscaremos formas de resolver esse conflito interno e progredirmos.

A vida não lhe cobra ser feliz, mas seu espírito sim. Por isso, é natural que o ser humano lute todos os dias para ter a sensação de felicidade, pois ela revigora o espírito e causa uma fantástica sensação de bem-estar. A sensação causada pela felicidade verdadeira não pode ser substituída, trocada ou comprada. Hoje, porém, muitos jovens em busca desses pequenos momentos de prazer e bem-estar, erroneamente denominados "momentos de felicidade", recorrem a bebidas, drogas e sexo. E fazem isso constantemente, pois acreditam que, se mantiverem esses "momentos de felicidade", se tornarão pessoas mais felizes. Nesses momentos é como se nosso organismo precisasse tapar buracos, porém quanto mais buracos tapamos, mais eles aparecem, e cada vez maiores. Você precisa aprender a dominar o desejo de buscar momentos de felicidade a qualquer custo e entender que felicidade não é coisa, não é dinheiro. A felicidade não depende do que nos falta, e, sim, do bom uso que fazemos daquilo que temos.

SER FELIZ É OBRIGAÇÃO?

Infelizmente vivemos uma época em que mostrar ser feliz é uma obrigação. As pessoas nos cobram; a família, o chefe, o marido ou a esposa, todos nos cobram. Todo mundo busca ser feliz a todo custo. Nesse sentido, as pessoas tristes passaram a ser vistas como fracassadas.

Percebo que algumas pessoas têm uma necessidade descomunal de mostrar aos amigos e aos colegas quanto são felizes. Para tanto, colocam fotos felizes nas redes sociais, de viagens, posses, muitos amigos, como se tudo fosse um mar de rosas. Porém, por trás desse universo de falsas alegrias, revelam-se pessoas solitárias, frias e tristes.

Certa vez uma pessoa chegou ao psiquiatra e disse:

— Doutor, eu estou muito triste.

O médico recomendou:

— Vá ao circo! Fiquei sabendo que tem um palhaço lá que é fantástico. É impossível ficar triste após assistir ao espetáculo.

O homem então concluiu:

— Eu sou o palhaço do circo.

Você não precisa comprar o que não precisa, com o dinheiro que não tem, para mostrar a quem não gosta que é feliz. Você não precisa mostrar ao mundo a sua capacidade de realização. A única pessoa que vai lhe cobrar isso é sua própria consciência.

Estamos nos esforçando demais para mostrar às outras pessoas quanto somos felizes. É uma preocupação vazia e sem nexo. O escritor francês Pascal Bruckner diz que "A depressão é um mal de uma sociedade que decidiu ser feliz a todo preço". Mesmo com todos os avanços da medicina, o número de pessoas com depressão só aumenta. Há algo de cultural nisso, e não de biológico. Vivemos um momento em que a aceitação social, ou seja, parecer "legal" para os demais, passou a ser muito importante. Essa busca incessante de aprovação social no mundo virtual faz as pessoas criarem dependência das coisas supérfluas e materiais.

Certa vez, Sócrates estava andando em uma feira e observando cuidadosamente todos os objetos à venda ali. Foi, então, abordado por um comerciante, que perguntou:

— O que procuras? Por que estás olhando tanto nossos objetos?

Ao que Sócrates respondeu:

— Estou apenas olhando o tanto de coisas de que não preciso para ser feliz.

Enfim, felicidade é a composição de pequenas alegrias. É adormecer tranquilo após um longo dia de trabalho. É poder fazer em vez de ter de fazer. Ela está ligada ao contentamento, que é a capacidade de nos sentirmos satisfeitos. Felicidade é uma escolha que você faz a cada instante do seu dia. Mantenha o desejo de ser feliz em sua mente e persiga com paixão seus objetivos.

FELICIDADE DÁ DINHEIRO

Imagine a seguinte situação: você trabalha em uma empresa e ocupa uma função de que não gosta, mas ganha um bom salário. Então, recebe uma proposta para trabalhar em outra organização com o salário menor, mas no cargo com que sempre sonhou. Qual é sua decisão? Difícil, não é?

Um lado do seu cérebro diz: "Vá lá, que você vai ser feliz", enquanto o outro diz: "É melhor ficar. Não troque o certo pelo duvidoso". No meio fica você, sem saber o que fazer e sofrendo com essa angustiante dúvida. Isso provavelmente vai acontecer com você em algum momento de sua carreira. Eu chamo isso de "a dúvida da oportunidade": à sua frente, há uma oportunidade de ser feliz, porém você se vê com medo de abandonar os velhos hábitos.

Quando alguém me pede orientação sobre essa situação, sou categórico ao dizer: "Escolha ser feliz!". Felicidade dá dinheiro! Todas as vezes que precisei escolher e decidi a favor da minha felicidade fiz uma boa escolha.

Quando montei meu segundo empreendimento, uma empresa de serviços contábeis, fiquei em uma situação bem parecida. A empresa estava indo bem, mas eu não estava feliz. Não era o que queria fazer. Eu queria ser palestrante, queria poder ajudar as pessoas com minhas palestras e meus conteúdos, e para isso teria de me desfazer da empresa. Confesso que foi uma decisão difícil. Eu tinha lutado muito para atrair os clientes, tínhamos um escritório todo montado em uma das avenidas mais conhecidas da cidade. Não foi nada fácil. Mas, se optasse por permanecer com o escritório, não ficaria feliz comigo mesmo.

Foi então que chamei meu sócio e disse:

— Não dá mais. Estou infeliz trabalhando aqui, tendo de fazer coisas que não quero fazer. Se você não quiser comprar minha parte da empresa, vou abandoná-la.

Eu estava decidido. Queria ser feliz. Os primeiros meses foram difíceis, mas logo as coisas se ajeitaram, e hoje tenho orgulho de dizer: "Sou palestrante! Faço o que amo! Escolhi ser feliz!".

Conheci recentemente a história de Durval Sampaio, que deixou para trás um emprego estável, que lhe permitia ganhar um bom dinheiro, para produzir chapéus. É uma ideia bem maluca, mas, como diz o próprio Durval, criador da grife Du E-Holic: "Acreditei em mim e comecei a trabalhar com o que eu amava". Não importa o que você faz, se faz com paixão e amor e se isso o faz feliz, vai dar dinheiro.

Muitos jovens decidem ingressar em um curso na faculdade porque identificaram uma oportunidade de ganhar muito dinheiro com a profissão. Alguns, mesmo sem talento para a área, persistem por causa das possibilidades financeiras. Quando você escolhe uma profissão pelos ganhos potenciais, corre o risco de ser um eterno infeliz. Pessoas que têm dinheiro, mas odeiam o que fazem. Essas pessoas com frequência dizem: "No dia em que eu me aposentar vou finalmente fazer o que sempre quis".

Em geral, quando temos de decidir sobre nossa carreira acadêmica, somos jovens e imaturos, e é normal ter esse pensamento. Porém, se, durante sua vida profissional, não conseguir se apaixonar pela profissão, você se sentirá frustrado e com uma culpa enorme. É muito comum encontrar pessoas assim em serviços públicos. Muitos escolhem ser servidores públicos pelo salário e pela estabilidade, mas não são felizes. O reflexo disso são órgãos públicos com pessoas impacientes e estressadas oferecendo péssimo atendimento.

Não coloque o dinheiro acima de tudo. É um erro. Fazendo isso, você perde uma oportunidade que a vida está lhe dando para ser feliz. Nenhum sucesso financeiro vale a pena se a alma é triste e vazia.

O ÚNICO SEGREDO DA FELICIDADE

Depois de algum tempo estudando e analisando os mais diversos conteúdos a respeito da felicidade, desde a sabedoria indiana até mensagens em para-lama de caminhão, percebi que, por mais que alguns tentem criar fórmulas secretas para a felicidade, ela se resume a algo muito simples.

Desde muito pequeno meus pais me envolveram em ações filantrópicas. Aprendi que devemos devolver de alguma forma aquilo que nos foi dado. Antes não entendia muito bem como isso funcionava, pois, uma vez que meus pais não tinham uma posição financeira privilegiada, como poderiam devolver ao mundo algo que não tinham? Com o tempo, porém, percebi que o dinheiro não é a única métrica do sucesso. Existem várias outras coisas que não podem ser medidas por cifrões ou pelos extratos bancários.

E, sempre que fazíamos ações filantrópicas, eu me sentia bem. Não por saber que no meio de todas aquelas pessoas eu era a que tinha as melhores condições, mas porque me sentia útil a elas. E receber um obrigado verdadeiro nutre seu espírito de tal forma que seu corpo produz felicidade. Cresci no meio de famílias pobres e desestruturadas, e minha infância foi marcada por visitas a asilos e albergues, o que ajudou a formar meu caráter e minha humildade. Hoje aprendi que, se você quer ser feliz, deve ajudar outras pessoas a serem felizes também.

Conta-se que um mestre caminhava com seu discípulo pela beira do rio, e o mestre comentou:

— Veja como os peixes estão alegres no riacho!

— Um momento – disse o discípulo. — Você não é um peixe, então como sabe que eles estão alegres?

O mestre retrucou:

— E você não sou eu, como sabe que eu não sei que os peixes estão alegres? Ora, deixemos de discussões inúteis. – concluiu o mestre. — Voltemos à pergunta inicial: como eu sei que os peixes estão felizes?

— Isso – disse o discípulo.

— Porque eles me fazem feliz. A felicidade contagia – explicou o mestre.

A vida é assim: trabalhamos feitos loucos, preocupados apenas com nós mesmos, e achamos que a felicidade é um sentimento egoísta e solitário. Não é! Alegre o outro, e você também vai encontrar a sua alegria. Ajude, e será ajudado.

Para Leon Tolstói, "a alegria de fazer o bem é a única felicidade verdadeira". E, partindo desse princípio, nossa felicidade será naturalmente proporcional ao número de pessoas que ajudamos a ser felizes.

Certa vez, fui visitar uma amiga que estava com câncer em estado terminal. Ao entrar em seu quarto, imaginei que eu seria útil e que minha presença a ajudaria de alguma maneira. Mas naquele momento fui muito mais ajudado. A força e a vontade de lutar eram tão grandes que me senti envergonhado pelas vezes que reclamei de coisas banais. Ao sair da sala, emocionado, disse: "Obrigado por me ensinar tantas coisas".

Ela apenas deu um leve aperto em minha mão...

CAPÍTULO 9

"As pessoas felizes lembram o passado com gratidão, alegram-se com o presente e encaram o futuro sem medo."
Epicuro

9

GRATIDÃO

Há algum tempo, eu estava em um ritmo frenético de trabalho. Cheguei a ficar quase uma semana fora de casa, viajando pelo Brasil para proferir palestras, e, quando retornei, deparei com várias atividades para fazer no escritório. Naquele momento queria ficar sem fazer nada, queria descansar, queria poder deitar no sofá e assistir a um filme sem ter de me preocupar com meus afazeres. Senti-me obrigado a deixar meu descanso de lado, e isso me fez começar a reclamar.

Minha esposa, vendo-me daquela maneira, disse: "Janderson, eu sei que você ama o que faz; lutou muito para chegar aonde chegou e, agora que chegou, começa a reclamar? Seja grato a tudo isso. Em vez de reclamar, diga: 'Que bom que tenho mais coisas para fazer'. Antigamente você não tinha".

Sabe, ela tinha toda razão. Antigamente fazia as atividades burocráticas do escritório com muito prazer, pois ficava feliz de saber que mais um cliente havia confiado em mim e em minha empresa. Às vezes esperava por semanas, ansioso que um novo contrato surgisse e eu pudesse fazer o que hoje me deixava entediado. Agora que tenho muitos contratos e vários clientes, as coisas burocráticas passaram ser enfadonhas e chatas? Como pude ser tão ingrato?

Nossas atividades diárias do trabalho e de nossa vida só perdem a graça quando perdemos nossa gratidão. Vejo tantas pessoas que reclamam por "ter" de fazer algo que não lhe causam prazer, pessoas que reclamam por "ter" de ir trabalhar, por "ter" de ir estudar, por "ter" de cuidar da casa, dos filhos. Pratique sua gratidão e substitua o verbo "ter" por "poder" e veja quanto temos a agradecer.

Agradeça por poder ir trabalhar. Quantas pessoas não conseguem arranjar um emprego? Quantas pessoas perdem o emprego todos os dias? Quantas saem de casa ainda de madrugada em busca de uma oportunidade e, ao chegar em casa à tarde, tem de falar à família que não conseguiram nada? Poder trabalhar é uma dádiva de Deus!

Agradeça por poder estudar. Muitos jovens abandonam os estudos por não terem como estudar. Agradeça por poder cursar uma faculdade, por poder construir um novo futuro para sua vida por meio da educação.

Seja grato à sua família. Agradeça por poder ter alguém ao seu lado, agradeça por poder cuidar de uma casa e dos filhos. Quantos não têm onde morar? Quantos dariam a vida para ter de volta a família ao seu lado? Quantos perdem seus familiares todos os dias?

Se ainda faltam muitas coisas para que seus sonhos possam ser realizados, seja grato pela força que tem, pela inteligência, pelas 24 horas que você recebe todos os dias para transformar sua vida e a vida de sua família. Seja grato a Deus por não dar tudo o que você quer, pois assim terá motivação para seguir em frente, buscando e lutando todos os dias.

Nunca deixe que a soberba por ter conseguido bens financeiros ou por ter atingindo suas metas tome conta de sua alma. A soberba o enfraquece e torna seu coração refém de sentimentos egoístas, além de colocá-lo em posição de fragilidade. Praticar a gratidão é a melhor maneira de ser humilde mesmo tendo conquistado tudo o que planejou.

Aprenda a viver o agora ciente de que cada momento é um momento dado, é um presente.

AGORA É COM VOCÊ

Na minha adolescência tocava violão em um grupo cristão, e, durante uma de nossas apresentações, um homem que nunca havia me visto antes parou à minha frente e disse: "Existe algo muito especial dentro de você, sua missão é bem maior do que imagina". Confesso que naquele momento achei que fossem palavras jogadas ao vento e não dei a mínima para ele. Mas elas ficaram guardadas em algum lugar no meu subconsciente, e todas as vezes que subo em um palco para realizar uma palestra ou um treinamento, as palavras daquele homem desconhecido ecoam no meu peito.

Escrever um livro, além de ser um desafio, é a concretização de um legado. São palavras soltas que se organizam e se eternizam. Quando se escreve um livro, cada palavra é pensada para que todo o sentimento dentro do coração do autor possa ser passado ao leitor. E assim foi também com este livro: cada capítulo e cada palavra foram escolhidos pacientemente para que a obra pudesse modificar e transformar sua vida. Mas, agora, é com você!

Certa vez um fazendeiro muito rico chamou seu único filho e disse:

— Meu filho, estou ficando velho e logo morrerei. Sei que não se preocupa com a administração da fazenda e creio que, quando a minha hora chegar, gastará todo o nosso dinheiro com festas, luxo e amigos. Se isso acontecer, só lhe peço uma coisa. Mandei fazer uma forca que está dentro do armazém. Coloque-a no pescoço e se mate.

O filho achou o cúmulo toda essa história, mas prometeu ao pai que o faria, mesmo achando que isso nunca aconteceria.

Anos depois o fazendeiro veio a falecer. Seu filho, como era de se esperar, gastou todo o dinheiro, assim como o pai havia previsto.

Desolado e lembrando-se das palavras do pai, decidiu que faria a última coisa que havia lhe prometido. Colocou a corda no pescoço e saltou da forca. Ele não sabia, mas a madeira da forca era oca, e, com o peso de seu corpo, ela quebrou. Caíram muitas pedras preciosas e um bilhete, que dizia:

"Meu filho, eu o amo e por isso lhe dou uma segunda chance. Recolha essas riquezas e faça diferente".

Cada dia que nasce é Deus dizendo: "Toma sua segunda chance, faz diferente". Nunca é tarde para recomeçar. Desça do salto, seja humilde, coloque coragem no rosto e viva como se não houvesse o dia de amanhã. A vida lhe deu outra chance, portanto use-a com sabedoria. Apesar da crise, das tragédias da vida, dos eventos catastróficos, das terríveis experiências, dos retrocessos e dos problemas imprevistos, você nasceu para vencer, e nada nem ninguém pode impedir isso, a não ser você mesmo! Este é o momento.

E, quando estiver difícil, lembre-se de seguir estes três passos:

- Acalme sua mente;
- Faça o possível para se fortalecer espiritual, física, emocional e mentalmente;
- Enfrente os problemas e as situações de cabeça erguida.

Você é maior que qualquer coisa que já tenha lhe acontecido ou ainda vai lhe acontecer. Existe algo muito especial dentro de você. Deixe florescer a rosa da prosperidade e siga. Não olhe para trás, apenas siga...

Impressão e acabamento
Rotermund
Fone (51) 3589 5111
comercial@rotermund.com.br